SI CHUAN SHENG
JIN RONG FA ZHAN ZHUANG KUANG YU
XIAO YING YAN JIU

四川省
金融发展状况与
效应研究

韩喜昆　赵新　沙砾　李根　　著

四川大学出版社

责任编辑：李勇军
责任校对：曾　鑫
封面设计：青　湘
责任印制：王　炜

图书在版编目(CIP)数据

四川省金融发展状况与效应研究 / 韩喜昆等著.
—成都：四川大学出版社，2018.3
ISBN 978－7－5690－1672－7

Ⅰ.①四…　Ⅱ.①韩…　Ⅲ.①地方金融事业－经济发
展－研究－四川　Ⅳ.①F832.771

中国版本图书馆 CIP 数据核字（2018）第 060346 号

书　名	四川省金融发展状况与效应研究	
著　者	韩喜昆　赵　新　沙　砾　李　根	
出　版	四川大学出版社	
地　址	成都市一环路南一段 24 号（610065）	
发　行	四川大学出版社	
书　号	ISBN 978－7－5690－1672－7	
印　刷	郫县犀浦印刷厂	
成品尺寸	148 mm×210 mm	
印　张	6.75	
字　数	182 千字	
版　次	2018 年 8 月第 1 版	
印　次	2018 年 8 月第 1 次印刷	
定　价	39.00 元	

◆读者邮购本书，请与本社发行科联系。
　电话:(028)85408408/(028)85401670/
　(028)85408023　邮政编码:610065
◆本社图书如有印装质量问题，请
　寄回出版社调换。
◆网址:http://www.scupress.net

目　录

第一章　引　言

金融是现代经济的核心，良好的金融发展与经济发展之间有着千丝万缕的联系，金融发展对于一国的经济社会来说，其重要性不言而喻。金融的本质就是通过资本流动和跨期配置，提高社会资源配置的有效性，进而推动经济社会的发展。可见从金融的本质出发，可以了解其对经济社会的显著效应。

近年来，不管是中央政府出台的宏观政策，还是各地方政府实施落地的具体方案，都能感受到党和国家明显强调了要发挥金融的促进经济增长和服务实体经济的作用。党的十九大报告中，习近平总书记特别指出：深化金融体制改革，增强金融服务实体经济能力，提高直接融资比重，促进多层次资本市场健康发展。这对于金融服务实体提出了非常具体的要求，奠定了我国金融发展的趋势性基调，也说明了我国在新时代背景下，更需要进一步让金融回归其本源，全方位地促进经济发展并落到实处。这表现了我国政府对于金融发展的顶层设计，同时这也是本书研究四川省金融发展状况，研究金融发展与经济发展关系、金融发展与收入分配关系、金融发展与中小企业发展关系的宏观背景。

四川省位于我国西部，虽然在区位优势上与东部沿海地区有一定差距，但是近年来其显著的经济发展速度有目共睹，西部金融中心建设也取得明显成效，取得的一系列经济金融发展成果都说明了四川省不仅是人口大省，而且是经济要省，在全国具有重要的经济地位。

本书围绕金融与实体部门的关系，聚焦四川省金融发展的现状与效应，尝试详细描述省内金融发展现状，回答四川省金融发展与其经济增长、居民收入分配、中小企业发展之间的相关关系和作用机制。而本章作为本书的第一章，将会从研究背景、研究意义的角度阐述其写作意义，介绍本书的研究思路和研究方法，从整体上定下研究基调，从大局上把控研究框架。

第一节　研究背景和意义

一、研究背景

本书的研究背景主要基于以下三点：一是中央政府宏观政策对于金融发展的指导性意见；二是四川省金融行业的快速发展与其地域性差异；三是学术界长久以来对于金融发展效应的研究。基于这三点背景，我们可以得到研究四川省金融发展效应的必要性、及时性以及可行性。

首先，党中央和国务院非常重视金融促进经济增长、服务实体经济的工作，也十分支持金融与实体经济发展的相关关系研究。在 2015 年，习近平总书记就表示，一国国力的繁荣昌盛要依靠实体经济，而要支持实体经济的发展，就要改善我国的金融服务，使金融服务进入实体经济特别是我国中小企业、高科技企业的渠道变得畅通，这期间需要合理引导社会资本更多地投向实体经济。李克强总理也指出，金融与实体经济密切联系、互促共生，金融的首要任务还是要支持实体经济的发展，要让更多的金融活水流向实体经济。2016 年，李克强总理在考察中国建设银行、中国人民银行时还强调："要引导商业银行多措并举满足小微企业和民营企业'短、小、频、急'的融资需求，鼓励金融机构开发适合大众创业万众创新、推动实体经济发展的金融产品。"① 2017 年 7 月 14 日，全国金融工作会议在北京举行，习近平总书记在会议中发表了重要讲话，对我国未来的金融工作重点进行了部署，强调了必须加强党对金融工作的领导，坚持稳中求进的工作基调，遵循金融发展规律，紧紧围绕服务实体经济、防控金融风险、深化金融改革三项任务，健全现代金融企业制度，加快转变金融发展方式，促进经济和金融良性循环、健康发展。2017 年 10 月 18 日，党的十九大在北京召开，对金融与实体经济的关系、金融的改革开放和防范系统性风险等做出了明确的顶层设计。中央领导同志的重要论述为全面、准确地把握好金融与实体经济关系提供了根本依据。中央银行行长周小川也强调"守住不发生系统性金融风险的底线"，就是要主动防控系统性金融风险，要靠加快金融行业的改革开放来完成。防止发生系统性金融风险是金融工作的前提，防控金融风险要立足于标本兼治、主动攻防和积极应对。所以说，一旦金融系统出现问题，金融也就无法继续有效地服务我国的实体经济，那么，实体经济的发展也会相应地受到制约。中央的一系列重要指示，使金融与经济的关系问题成为研究热点，同时也使本书研究的问题具备必要性和及时性。在这样的背景下，研究金融与经济增长、金融与百姓民生、金融与中小企业发展等一系列问题，使金融发展更好地服务于经济发展和人民生活水平改善，具有重要意义。

其次，虽然四川地处西南，但省内经济表现却十分突出。四川省拥有源远流长的历史文化，古人类文化遗迹表明，生活在距今十余万年前的"资阳人"比"北京人"具有更先进的文明。从灿烂辉煌的三星堆文化、金沙文化到先秦巴蜀、蜀汉政权，四川

---

① 李克强考察建设银行：把支持小企业做成"大事业"摘自 http：//www. yicai. com/news/5033165. html.

地区因为其独特的地形地貌——四川盆地，使得其能够在特定历史时期内安稳发展，免受一些战乱的影响。但与此同时，也正是由于特殊的地理位置，使得四川地区在一定程度上缺乏与外界的沟通和交流，对其经济政治等各方面产生了闭塞与隔离的影响。地域性的文化，是一个地方性的符号，也成了区域政治、经济、人文发展的基础。在对区域性金融经济发展情况进行研究时，不仅需要考虑到该地区目前的金融经济发展表现，更需要结合其历史渊源进行综合分析考量。自改革开放以来，四川省的金融和经济发展得到了长足的进步。在新时代的背景下，在"大众创业、万众创新"的号召下，四川省作为国家西部大开发战略中的领头羊，成为我国西南地区强有力的经济增长点，充分显示了四川省的金融活力与经济实力。省内出台的金融业"十三五"发展规划对过去五年金融业基本情况作出了总结，并对未来金融业的发展作出了详细规划，其中谈到四川省的金融机构集聚已初具规模，金融市场和交易中心逐渐成形，西部金融中心的建设开始起步。在"十三五"期间的主要任务是提升西部金融中心集聚和辐射能力，争取达成 2020 年末基本建成我国西部金融中心的总体目标，逐渐缩小与东部发达地区的差距。由此可见四川省的金融以及经济地位在全国各省市中是比较重要的，具有研究意义。同时，四川省的金融发展在省内呈现出不平衡不平均的情况，四川省省会成都市的金融发展状况远远好于川西贫困地区（如甘孜州、凉山州、甘洛县等等），因此研究四川省的金融发展效应对于当前发展不平衡不充分的主要矛盾来说非常具有代表性。

再次，金融发展状况以及其对经济社会的宏观效应研究，历来是学者们关注的焦点。从 20 世纪开始，就有很多的专家学者对此提出了不同的观点。最早，熊彼特在其《经济发展理论》一书中，证明了金融是经济增长的必要条件。此后，有其他学者认为金融发展具有内生性，它只是经济增长的一个结果，经济增长是促进金融发展的重要前提。更有学者认为金融发展与经济增长之间没有什么关系或者关系甚微。经济学家们对于金融发展与经济增长的关系始终存在着争议，在众多研究中，也发展出了很多的金融发展理论，采用计量模型进行了很多实证分析。这些都是我们进行研究的重要基础，也是有力支撑。虽然现在金融危机所带来的影响已经逐渐消退，全球经济发展势头有所好转，但是不得不说，仍然存在着许多学术界关注的经济问题与决策难题，比如一些基础行业的发展比较落后，并没有发挥出地区的比较优势，还有生态环境问题、房地产市场和金融市场的制度规范等种种问题都进入了人们的视野，这些问题引起了学者和政策制定者的广泛关注。其中最重要的问题，也是历来被关注最多的问题，当属金融与经济的相互关系问题。

正是由于我国各级政府对金融行业发展的强烈关注，以及四川省金融行业发展的代表性，还有金融发展效应问题在国内外学术界的重要性，我们有必要在现有理论和相关文献研究的基础上，针对四川省金融发展的多种效应进行详细的分析和探讨。

二、研究意义

基于以上的研究背景和写作重点，本书的研究意义主要体现在以下两个方面。

从理论意义来看，本书以金融资源理论为研究起点，在对金融资源及其内涵进行界定的基础上，通过引入西方传统金融经济理论和经济增长理论，将金融资源及其配置与经济增长结合起来，探讨金融资源配置影响经济增长的路径。这本身也是对金融与经济理论的又一次研究和探讨，能够进一步丰富未来学者们的理论研究。另一方面，本书着重于区域性金融发展效应研究，与以往学者们常常把研究对象聚焦于全国的金融发展状况不同，本书由于四川省金融发展的典型性和代表性，选取了四川省作为单一的研究对象，这为后续的研究提供了新的思路，挖掘了新的研究方向。

从现实意义来看，本书研究内容紧贴我国金融工作的重点，要使金融回归支持实体的本源，避免过度的脱实向虚，防范金融系统性风险。十九大会议上，习总书记在报告中提出中国特色社会主义进入新时代，社会的主要矛盾已经转化为人民日益增长的美好生活需要和不平衡不充分的发展之间的矛盾。四川省作为西部经济发展潜力较大的地区，它本身也具有省内各地区发展不平衡、整体发展不充分的特点。本书通过理论和实证研究，对四川省的金融发展情况作出总结和评价，给出四川省金融工作的规划建议，以期推广到全国其他地区。

中小企业往往作为一国创新力量的源泉，在国民经济发展中发挥着关键作用，特别是在促使资源合理化配置、减轻就业压力、推进和谐社会的建设等方面。然而，在中小企业发展壮大的关键时期并没有获得相对稳定的资金来源，目前我国中小企业融资困难这一现象普遍存在。发展民营金融机构和中小金融机构，鼓励让中小金融机构支持对应的中小企业，同时建立完善的相关法规制度等，都是在强调外部融资环境对中小企业的影响。因此本书专门研究了金融发展的各个方面对中小企业的影响。通过对中小企业融资约束的研究，不但可以为中小企业融资渠道选择提供新的参考，同时也能够对我国金融市场的健康发展起到一定的促进作用。

第二节 研究目的与研究方法

一、研究目的与思路

本书意图通过多方位、多角度的研究，总结四川省的金融发展和经济状况，发展现有的金融与经济关系的理论，分析四川省金融发展的规模和效率与实体经济、收入分配之间的关系，并提出相应的政策建议。

首先，本书第一章介绍了研究背景，阐述了研究意义。第二章的主要内容是理论回顾和文献综述。在这一部分对金融发展的含义给出了清晰的解释，并且从四大流派的视角总结了金融发展理论，分别是金融结构论、金融深化论与金融抑制论、金融功能论和金融政治论。在整理总结了相关金融发展理论后，本书对金融发展效应的国内外文献进行了梳理，分别从金融发展与经济增长问题、金融发展与收入分配问题、金融发展与中小企业融资问题三个方面进行了非常详尽的研究，所参阅的文献包含了国内外相关问题的大部分代表性观点。从文献综述的结果来看，各位学者对区域金融发展与经济增长的研究尚有不足之处，无论是在指标选取上还是在模型运用上都还有很大的深入研究的空间。而在金融发展对企业融资约束影响的研究上国外学者比国内要起步早很多，研究已相对成熟，我国也基本沿袭了西方发达国家学者们常用的几种分析模型。但我国研究人员主要是运用 A 股上市公司的整体数据或是针对某一行业、某一省份的公司进行研究，无论是研究视角，还是变量选择以及模型的构建都还有非常广阔的研究空间。总的来说，第二章为后文研究的可行性做出了铺垫。

第三章是对四川省金融发展现状的描述。考虑到金融发展与经济发展之间的密切关系，本章是从四川省的宏观经济概况和金融发展状况两个大的方面进行描述。首先列出四川省 GDP、CPI、失业率、城乡收入差距等重要指标的变化情况，还将经典的产业结构理论贯穿其中，与实际情况相结合完整刻画出四川省宏观经济运行的全景图。接着从四川省金融发展的规模和质量两个层次探究了四川省的金融发展程度。其中金融发展规模很好理解，分别对金融业三大支柱——银行业、证券业和保险业进行了详尽的分析，而金融发展质量的衡量则比较多元化，分别从金融结构（金融市场的融资结构、金融机构的存贷款结构等）、金融效率（金融市场效率与资金配置效率）以及利率市场化与金融开放程度等方面详细分析了四川省金融发展的质量，为后文的实证分析、指标构建和模型选取做好了准备工作。

第四章到第六章是对四川省金融发展的效应研究。其中第四章在前人的研究成果和前文的分析基础之上，研究了四川省金融发展与经济增长的关系，用实证的方法验证了二者之间是否具有长期均衡关系等。本章利用四川省金融发展评价指标与经济增长指标进行实证分析。先采用误差修正模型检验了四川省金融发展对经济增长的影响，检验金融发展的作用是加速经济的增长还是抑制经济的增长。在确定了四川省金融发展促进经济长期增长的基础上，又进一步使用向量自回归模型检验了金融结构对经济增长的影响，以确定哪种金融结构更能促进四川省经济发展，再进一步寻找优化金融资源结构的方法。

第五章研究的主要内容是四川省金融发展的收入分配效应，与第四章是平行并列的关系，是金融发展效应的两个方面，即增长效应和分配效应。同样，政府在制定政策时，也会把经济增长和收入公平这两个目标都放在相同重要的位置。第五章回答了四川省金融发展对收入分配的影响问题。由于从全国到省内都存在的明显的城乡二元经济格局，城乡收入差距可以代表居民收入差距的最主要部分，因此本章在研究了金融发展对收入分配的影响机理（如门槛渠道、非均衡渠道、工资性收入渠道等）之后选取金融发展规模、金融发展效率和城乡收入差距，构建了面板VAR模型并通过系统GMM方法进行实证检验，并且得到了四川省金融发展规模和金融发展效率的提高有助于降低城乡收入分配的不平等程度的结论。

第六章研究了四川省金融发展对中小企业发展的影响，本章与前两章相比，属于递进层次的研究。中小企业作为区域内经济发展的重要组成部分与经济增长点，是在研究了金融发展的效率与公平之后非常值得关注的研究对象。在区域层面上，中小企业作为市场经济中最活跃的参与者，是对资金需求最为迫切的市场主体之一。而最优的金融结构应当与中小企业发展所需要的金融需求相适应，针对现在中小企业融资难的问题，需要建立健全金融体系，提供更完善的金融支持。本章的前半部分总结了传统的中小企业的发展理论和融资理论，然后结合四川省的中小企业发展规模和产业结构等情况分析了四川省中小企业发展中存在的问题。最后采用时间序列分析方法验证了四川省金融发展的不同层面如金融规模的扩张、金融系统效率的提升、金融结构的市场化进程以及金融开放程度的提高，对四川省中小企业的发展是否有促进作用。至此本书实证检验部分也就完成了，由金融发展的增长效应和分配效应的检验以及对中小企业发展的影响检验共同构成。通过实证研究得到的检验结果也进一步印证了前面的理论研究和现状分析部分，并且据此提出相应的政策建议，和未来进一步研究的方向。

最后，第七章作为本书的末章，总述了前面章节的主要内容，基于全书主要内容得出了三个重要结论。并结合相关理论给出了相应的政策建议：一是注重金融的本质，发挥其支撑实体经济作用；二是充分利用信贷支持和金融服务缩小城乡收入差距；三是完善中小微企业的信用担保体系；四是转变政府职能，实现监管与效率的协调。同时，也总结了本书研究方面的不足，指出了后续研究中需要进一步解决的问题，对金融发展问题的深入研究提出了展望。

本书的整体构架如上所述，充分细致地研究了该领域的相关内容，希望能够对四川省金融发展相关研究领域有所增补。

二、研究方法

在研究方法上，从全书的宏观脉络来看，主要采用了规范研究和实证研究的方法；而在进行具体分析时，本书采用的则是定性分析与定量分析相结合的研究方法。

按照经济学研究范式的不同，分为规范研究范式和实证研究范式。实证研究主要客观讨论经济变量间的相互关系，即"是什么"的问题，不具有主观的价值判断。而规范研究则研究"应该是怎样"，会涉及价值判断的问题。本书综合采用了两种研究范式。两种研究范式互为补充，对于四川省金融发展和经济运行的现状分析、四川省经济情况存在的城乡二元结构等问题的总结，以及最后提出相关政策建议，主要运用了规范研究。而在分析四川省金融发展效应问题时，对于四川省金融发展是否支持了经济增长、缩小收入差距和促进中小企业发展等问题，采取了实证研究的方法。

同时，本书还采用了定性分析与定量分析相结合的研究方法。定性分析是对研究对象"质"的方面的分析，运用综合分析、抽象概括的方式，对获得的材料进行思维加工，由表及里地认识到事物"质"上的真相，致力于解决"有没有""是不是"的问题。而定量分析则是从"量"的角度，在定性分析的基础上进一步运用数学工具，揭示样本数据的内在复杂关系。两种研究方法相辅相成，一般都会结合起来运用。在本书的研究中，不仅用相关数据表格等描绘了四川省金融业发展现状，并针对现状做出了定性总结。在进行国内外文献整理和金融发展理论综述时，也采取了定性分析的研究方式对研究现状作出评述。之后，又采用了定量研究的方法，构建计量经济学模型，对四川省的金融发展效应进行实际验证，如用向量自回归模型检验了金融结构对经济增长的影响，用面板 VAR 模型及系统 GMM 方法检验了四川省金融发展规模和效率对城乡收入差距的影响，用时间序列分析方法验证了四川省金融规模的扩张、金融效率的提升、金融市场化进程等对中小企业发展的影响。

结合多种研究方法，能够让我们更全面地描述出四川省金融运行的状况，探索金融效率、金融结构等金融指标对实体经济部门产生影响的多种渠道，以期得出对四川省金融业发展规划的启示，和对全国金融业发展的政策建议，让金融发展更好地带动经济增长，减小收入差距，并提高金融资源配置效率，避免系统性风险的产生。

第二章　理论回顾与文献综述

第一节　金融发展的内涵与理论概述

一、金融发展的含义

随着全球经济的快速增长，金融业迅速成长，并在全球经济发展中占据着重要地位。在经济增长不断推动金融发展的同时，经济增长对于金融发展的依赖程度也在不断上升。自 20 世纪中叶以来，经济学家们开始越来越关注金融发展与经济增长之间的关系，但就金融业对于经济增长的作用一直没有统一的结论。在这里，我们将有关金融发展与经济增长之间的关系的研究统称为金融发展理论的研究。早在 1911 年，Joseph Schumpeter 认为动员储蓄、项目评估、风险管理、监控管理以及促进交易等金融中介机构提供的服务在技术创新和经济发展过程中起着重要作用。在 1912 年时，Schumpeter 就提出了金融业的发展会对一国的经济增长产生积极的影响，即金融发展能够促进经济的增长。Bagehot（1873）、Gurley and Shaw（1955）、Goldsmith（1969）、Mckinnon（1973）与 Merton Miller（1998）都认为金融与经济增长的关系是不可忽视的。与前面几位学者不同的是 Joan Robinson（1952）认为金融发展不会促进经济增长，而是伴随经济增长的。而 Meier and Seers（1984）在研究促进经济发展的因素时，都没有提及金融发展的作用。诺贝尔奖得主 Robert Lucas（1988）认为决定经济增长的最主要的因素并非是金融[①]。回顾相关学者对金融发展理论的研究，他们对金融发展与经济增长的关系的研究大致是从宏观和微观两个层面来进行的。从宏观角度上，金融发展理论主要研究的对象是金融发展与宏观经济效率之间的关系；微观层面上，金融发展理论注重分析金融机构与企业发展之间的相互联系[②]。

二、金融发展理论概述

根据研究角度的不同，我们可将金融发展理论分为四大流派：

1. 金融结构论

金融结构论研究的核心内容是研究金融规模的扩张与金融结构的变化对宏观经济带来的影响，以 Goldsmith 等为代表。Goldsmith 在《金融结构与经济发展》中第一次对金融结构与经济发展的关系作了系统性的阐述，取得了突破性的成果。

2. 金融深化论与金融抑制论

金融深化理论与金融抑制理论研究的核心内容是发展中国家的金融发展（抑制）与经济增长的关系，以 Mckinnon 和 Edward S. Shaw 为代表。他们在 1973 年分别提出金融抑制和金融深化的概念。金融抑制理论的观点是金融压抑现象（金融工具的价格扭曲）迟滞了经济的增长，并使金融体系的实际规模（相对于非金融量）下降。金融深化理论则带有积极的效应，认为金融的自由发展可以推动经济的增长。

---

①　陈黎敏. 中国各地区金融发展与经济增长的关系分析 [J]. 浙江金融，2011 (8)：31—34

②　裴东慧. 重庆市金融产业集聚对区域经济增长的影响研究 [D]. 重庆工商大学，2014.

3. 金融功能论

金融功能论从博弈论和信息经济学角度，借鉴内生经济增长理论，将内生经济增长和内生金融中介引入金融发展模型。以 King 和 Levine 为代表。Robert G. King and Ross Levine (1993) 在《金融与经济增长：熊彼特可能是对的》一文中指出：金融发展的预定成分与未来的经济增长速度、实体资本积累率以及经济效率的提高具有显著的相关性，也就是说金融发展程度是经济发展的"晴雨表"。King 和 Levine 进一步提出了金融发展能促进经济增长以及金融发展与投资率和经济体的资本使用率成正相关等观点。

4. 金融政治论

金融政治论是指一国政府对金融活动的干预会对经济发展带来的影响，以 Biggeri 和 Allen 为代表。很多学者对我国各省份的情况进行描述性的分析，认为影响金融发展的主要因素并不是银行的金融活动，国资背景的银行更倾向于支持政府性企业。其最终的目的是带有政治性的并非是经济性的。金融发展是否会促进经济增长取决于政府的态度①。

第二节　金融发展效应的国内外文献梳理

一、金融发展与经济增长问题

经济学家们长期以来对于金融发展与经济增长之间的关系存在着分歧。古典经济学派认为金融发展与经济增长之间并没有因果关系，经济增长主要是由实体经济决定的，而金融在这一过程

---

① 吴艾泓. 四川省金融资源配置与经济增长影响的实证研究 [D]. 西南财经大学，2013.

中不过是充当着"面纱"的角色。

外国学者对金融发展和经济增长之间关系的探究，可以追溯到 20 世纪初熊彼特在其经济发展理论中关于金融的论述。他认为，金融发展是经济增长的必要条件（Joseph Schumpeter，1912）。而罗宾逊（Robinson，1952）则认为，金融发展仅仅是经济发展过程中的一个结果，经济增长是促进金融发展的重要前提。更有学者觉得金融发展与经济增长之间其实并没有什么关系或者是关系很小。加之由于这段时期研究的模型、数据的采集、计量方法都还处于较低阶段，所以得出的结论也仅限于二者关系简单的语言描述，使得学术界一直没有得出统一的结论。直到 20 世纪六七十年代，戈德史密斯（Goldsmith，1969）首次运用跨国数据进行实证分析，通过对 35 个国家 100 多年的资料进行研究，论证了金融结构对一国经济发展的重要作用，但并没有明确指出二者谁是因，谁是果。八十年代中后期由于内生增长理论的提出为金融发展研究带来了新的理论基础和研究方向，经济增长与金融发展之间的关系的理论研究得到不断补充与完善。

在关于金融发展和区域经济增长之间的关系的研究中，具有代表性的是 Levine 等人的一系列成果，他们把金融市场、金融中介和内生增长理论嵌入金融发展研究模型中，在研究方法、计量指标、计量模型特别是在金融功能的计量上有了实质性突破。他们发现，金融发展能够实现资源优化配置，与人均 GDP 增长存在正相关关系（King 和 Levine，1993）。以 Aghion 为代表的内生增长理论进一步论证了这一看法。为更好地找出各国间金融与经济关系及作用差异，同时能够有效解决变量的缺失以及弄清二者间因果关系等问题，Levine 等人研究了法律、政策、管制的影响。在实证研究中引入了法律环境变量以及包括人均收入、教育状况等指标在内的一组控制变量。研究发现由法律环境决定的银行体系的"外生"发展部分与经济增长之间有着显著的正相关关系（Levine，1999；Beck Levine，2000）。基于法律制度的金融结构研究表明：不同国家之间的经济增长水平的差异主要是由于金融法律差异造成的。20 世纪 90 年代以来，La Porta 等人延续了 Levine 的研究线索，分析了法律保护在市场经济中的作用，发现如果一个国家拥有良好的法律环境则这个国家的法律越健全、越完整，法律执行越有效、越严格，这将为外部投资人提供必要的法律保护，从另一个方面也将促进该国的金融市场得以发展。综上所述，20 世纪 90 年代以来，学者们对金融发展理论进行了全方位的探索，使理论更加贴近经济实际情况，更具指导性与说服力，实证分析也取得了突破性进展，经济计量模型也渐趋成熟，并对经济增长的影响达成了较为一致的观点。

我国学者开始研究金融发展与区域经济增长之间的关系的时间比较晚。虽然在金融发展理论方面的创新不足，但对我国金融结构的调整和经济发展目标的确立仍然具有指导性的意义。武志（2010）采用戈氏指标对我国的金融发展水平进行分析，认为金融增长虽然能够促使经济增长，但金融发展却只能由经济增长所导致。鄢亚晨和黄阳华（2012）发现对内外的金融制度安排与经济增长之间有着显著正相关关系。刘文革，周文召等人（2014）认为财政压力下的政府对金融有着很强的干预动机和行为。金融发展对经济增长质量具有显著的促进作用，但是由于政府压力、对国有经济扶持和 GDP 竞争等动机而对金融发展进行的干预会严重影响经济增长质量。以上学者基本都是从全国范围内出发研究二者之间的关系，而康继军、张宗盛等（2005）从金融中介和股市发展角度着手，对中、日、韩三国进行研究发现，金融发展与经济增长之间的确存在着因果关系，但三国的因果关系在作用的方向上存在着差异。这对研究不同经济发展程度的国家或地区的金融发展情况提供了新的研究思路。王景武（2005）通过对我国东部、中部和西部地区的实证分析，发现区域金融发展状况与经济增长之间拥有着密切的联系——中国东部地区的金融发展状况对经济增长有着明显的促进作用，然而在西部地区两者之间则存在相互抑制现象。陈黎敏（2011）也指出由于我国的区域之间存在着很大的差异，金融发展水平越是发达的地区对经济增长的促进作用越是明显。这与王景武的观点基本一致。唐松（2014）运用空间 SDM 模型对入世以来 31 个省区的数据进行研究，从本外地金融资源对本地经济增长的影响程度进行了研究，发现区域经济增长受本地资源的影响较大，且这种影响在中西部地区更为显著，而外地资源对本地经济增长具有负面效应，这种负面作用在中东部地区明显增加。

Philip C. Chang 等（2010）首次在实证中采用了存贷比作为研究资金再分配与经济增长关系的重要指标，从总体状况来看，在 1991 年到 2005 年间，我国的经济增长与金融发展之间并没有太显著的关系，但是随着时间的变化和国家政策的改变，经济增长与金融发展具有不同的关系。1995 年之前，我国经济增长推动了金融发展；随着我国金融市场化改革的加深和银行股份制改革的推行，金融发展也开始慢慢显现出促进经济增长的作用。

综观国内和国外关于金融发展与经济增长关系的相关文献，我们可以发现：不同区域之间的经济和金融体制的差异是导致金融发展和经济增长之间关系的主要原因。但从总体来看，各位学者对金融发展与经济增长之间关系的研究尚处于起步阶段，仍有待于学者们深入研究。

二、金融发展与收入分配问题

1. 国外研究现状

20 世纪 60 年代，Goldsmith 在其著作《金融结构与金融发展》（Financial Structure and Financial Development）中率先提

出了金融发展问题。此后，Mckinnon 和 Shaw 对金融发展问题展开了更深入的研究。Mckinnon（1973）提出了著名的金融抑制理论。他认为，发展中国家在利率、汇率的方面的严重管制行为，会导致对金融体系的过度干预，抑制金融发展进程；同时导致价格信号的进一步扭曲和失灵，资金的有效配置和运用效率也会受到严重的影响，造成银行储蓄的减少，金融中介功能逐步弱化。这种抑制行为不利于投资和消费，更不利于经济发展。经济的"货币化"程度将进一步降低，造成金融发展的不平衡和金融效率低下。同时，由于金融发展水平的落后势必会阻碍一国的经济发展，反过来由于经济的不充分发展也会抑制该国的金融发展，致使发展中国家的经济与金融陷入恶性循环之中。从该理论中得到的启示是：金融深化和经济的发展应该保持相对一致的速度。Galor 和 Zeira（1993）、Aghion 和 Bolton（1997）侧重于对金融市场不完全性的研究，如贫困人群所面临的信息和交易成本。他们得出的结论是金融发展能够缩小收入分配的差距。金融市场的不完全性造成了贫困人群的存在，因此，金融市场的发展将进一步放松信贷约束，从而使贫困人群更加容易得到再生产的投资和资金。资本的配置得到优化，贫富差距缩小。另一个研究思路是从金融发展帮助贫困人群提高抵御风险能力方面入手。金融发展能够为贫穷人群提供一个安全的储蓄资金的地方，例如银行账户或者保险机构，从而帮助贫困人群建立抵御风险的资金池，降低了贫困家庭的资金脆弱性，最大限度地避免了他们通过出售资产以供急用的概率。Holden 和 Prokopenko（2001）的研究同样发现，金融发展能够帮助贫困人群应对未来收入的波动，促使金融系统为贫困家庭提供更好的服务和资金支持。贫困家庭可以通过高利贷等地下金融渠道转向正规的金融体系获取资金支持。与上述观点不同的研究认为，市场失灵会造成人们获取信贷资金的不公，贫困人群由于抵押品不足或者金融中介的不完全信息，无法投资到生产活动。这一观点认为，金融发展的主要受益者还是富裕人群，由于他们有充足的抵押品，并且与金融机构保持良好的联系，金融发展将进一步扩大贫富差距。Greenwood 和 Jovanovic（1990）构建了金融媒介、经济增长和收入分配差距之间的非线性模型。经济增长将推动金融结构的发展，同时，金融发展会有利于资本的配置，并推动经济增长。在模型中，将经济增长作为内生变量，并且在模型中加入了金融作为投资媒介的信息价值。该模型与库兹涅兹曲线相类似。在经济发展的初始阶段，金融对于经济发展的作用几乎为零。当经济增长进入到中期发展阶段，金融市场的力量初步显现，并且为经济增长提供动力；与此同时，由于只有富裕人群有机会参与到金融市场中并从中获利，因此金融市场的发展也扩大了贫富差距。在经济发展到较高的阶段，增长率将收敛到略高于初期的水平，更多的人群有机会参与到金融市场中，因此收入分配差距将收敛于一个稳定的水平。除此之外，对金融发展和收入分配宏观研究的另一个领域是对金融危机可能性的研究[①]。金融危机的发生将使经济萧条、失业率高涨，政府削减公共开支，货币出现贬值、物价飞涨，银行缩减小额贷款等等。所以，金融危机势必扩大收入分配差距，造成更多的贫困人群。Baldacci、De Mello 和 Inchauste（2002）通过实证分析证实：金融危机期间，收入差距将拉大，并且贫困人群随之增多；金融危机的转变过程、持续时间和恶化程度以及预防机制与金融发展水平密切相关，这对于容易出现金融危机的发展中国家和处在转型期的国家具有一定的指导和借鉴意义。在 Jalilian 和 Kirkpatrick（2002）早期的研究中对 42 个国家（包括部分发展中国家）的情况进行了分析。通过构建 OLS（最小二

---

① 赵德旺，李明运. 河南省金融发展与收入分配问题的实证研究 [J]. 金融理论与实践，2012，（10）：46−50.

乘法）和 TSLS（两步最小二乘法）模型，他们发现金融发展通过促进贫困人群收入的增长对缩减贫富差距产生影响。Jalilian 和 Kirkpatrick（2005）在后续的研究中试图通过实证研究统一金融发展对收入分配的直接和间接影响。他们的研究发现，金融发展对贫困人群具有积极的影响，但是这种影响类似于通过经济增长而间接产生的"涓滴效应"（Trickle-Down）；金融深化与收入分配不平等之间具有二次函数关系，金融深化在人均收入水平较低的发展中国家具有扩大收入差距的效应。Clarke、Xu 和 Zou（2003）通过对大量国家 1960－1995 年的数据样本分析研究，有力地证实了金融市场的深化将缩小收入差距，并呈现出线性关系。但是，这一研究结论并没有对 Greenwood 和 Jovanovic 的"倒 U 型"关系理论提供支持。在此后的研究中，Clarke、Xu 和 Zou（2006）通过面板数据分析，对 Greenwood 和 Jovanovic 的模型假说在短期和中期数据上提供了一定程度的支持，收入差距会随之扩大的假说被强有力地否定了。Beck、Demirgüç-Kunt 和 Levine（2007）对金融深化效应进行了研究，认为收入分配差距将会因金融发展而被缩小，这样可以在某种程度上帮助贫困人群。他们在实证研究中发现，最贫困的人群的收入增长中有 40％可以归因于金融发展缩小收入差距的影响。Jaumotte、Lall 和 Papageorgiou（2008）通过实证分析研究了技术进步、国际贸易和金融全球化对收入分配的影响。他们对 20 个发达国家、31 个发展中和新兴国家采样分析。他们的研究成果证实了国内金融深化是扩大收入分配差距的显著因素。Jeanneney 和 Kpodar（2008）对发展中国家的收入分配情况进行了研究。他们应用了 OLS 和 GMM 的计量模型，研究表明金融发展对于减少贫困有着更为直接影响，并且其影响力要远大于经济增长带来的影响；同时，金融不稳定性所带来的负面影响也是相当强烈的，甚至可以抵消金融发展的积极效应。在近期的研究中，Kappel（2010）采用 OLS 和 TSLS 的计量模型，通过一组发达国家和发展中国家的银行部门和证券市场发展对收入分配和贫困人群数量的影响进行了面板数据分析。与 Beck 等人（2007）的研究成果一致，金融发展的积极效应同样是显著的。金融发展既能减少收入差距，同时也能减少贫困人群数量。可是在发展中国家，这一影响的作用相对较弱。Ang（2010）对印度 1951 至 2004 年的情况进行了案例分析，发现金融发展对贫困人群的伤害比对富裕人群更强，因此金融发展加剧了收入的不平等。但是金融机构的分布密度和效率的提高有益于减少收入分配的不平等。金融服务的可获得性在金融发展和收入分配之间的关系中扮演了很重要的角色[①]。但是，由于相关数据获取存在一定的难度，因此对金融服务的可获得性对收入分配影响的研究还相对较少。通常来说越是金融发达越可以为本国居民提供优质的金融服务；但是，金融服务可获得性与收入分配之间的关系同时也受一国经济发展水平的影响。Claessens 和 Perotti（2007）对金融资源可获得性的不平等进行了研究，认为提供金融服务的较高固定成本、政策障碍和政府对金融的保护等对金融可获得性的不平等具有影响。Honohan（2006）通过对相关数据的分析得出，发展中国家的人群享用金融服务的渠道是不公平的，贫困人群获得金融资源是社会中最少的。在发展中国家，只有大型企业才能享用到金融服务。对中小企业的金融限制是不利于经济增长和居民收入提高的。Claessens 和 Perotti（2007）在研究中也强调了渐进的金融自由化的重要性。Beck、Levine 和 Levkov（2010）对美国放松银行管制的影响进行了研究。他们发现，放松银行管制的州，其基尼系数比其他州更低，同时也比该州金融自由化之前更

---

①　卢莉娟. 金融发展与收入差距：来自中国 1978－2004 年的证据 [D]. 中国人民大学，2008.

低。另外，对银行管制的放松所给穷人带来的好处是大于对富人造成的弊端。这种收入分配的缩减是金融通过劳动力市场间接形成的，放松银行管制将有利于中小企业的扩张，增加市场对低技能工人的需求，从而提高了低收入阶层的工资。

2. 国内研究现状

近 20 年来，一些学者在研究发展中国家的金融发展时意外发现，在某些国家中金融体系的建立和金融机构的发展并没有缓解国内收入分配不平等的现状，反而使其呈现加剧的趋势。Philip 和 Asena（2010）从金融自由化（Financial Liberation）角度对这一现象进行了解释。他们认为，虽然金融自由化使得低收入阶层有机会享受更多的金融服务，从而增加收入，但由于在金融市场上投资也存在风险，低收入阶层投资技能的差异可能让他们在金融市场投资中遭受损失，因而这不仅没能帮助低收入阶层增加收入，反而使得他们的财富水平严重缩水，导致收入分配差距出现扩大。Maurer 和 Haber（2007）在研究墨西哥国家时，从金融发展与收入之间的传导机制对这一理论进行了阐释：在金融深化和金融自由化的进程中，低收入者（个人和企业）的融资难问题依然没有得到有效的解决，低收入者的实际收入水平出现了不升反降的趋势；于此形成鲜明对比的是，高收入者因为更容易获得信贷支持而可以享受更为丰富和便利的投资机会，因而可以赚取高额回报，这必然会导致收入差距的扩大。这一理论的提出是否为具有发展中国家的适用性成为学者们研究的一个热点话题。肖晶和粟勤（2014）从金融发展的两个维度出发对这一现象提出了自己的看法。他们认为，金融发展具有两个非常重要的特征：金融深化和金融包容（Financial Inclusion），其中金融深化是从数量角度界定金融发展水平，而金融包容则是从质量角度反映金融发展程度。因此，如果一国（或地区）只注重数量的发展，不能确保低收入人群能够及时、平等的享受各种金融资源和服务，这必然会导致高收入和低收入之间的不平等，扩大收入分配差距。实证研究方面，杨俊、李晓羽和张宗益（2006）、姚耀军（2005）、叶志强、陈习定和张顺明（2011）、章奇、刘明兴和陶然（2003）以及余玲铮和魏下海（2012）对中国的实际情况展开研究后得出了一致的结论：金融发展水平的提高扩大了中国贫富人口的收入分配的差距。其中，杨俊等人（2006）通过建立金融发展、经济增长、教育和收入不平等程度的回归方程发现，由于我国金融发展滞后，随着金融发展水平的提高，全国、农村和城乡居民收入分配差距都扩大了。姚耀军（2005）利用 1978 年至 2002 年间 24 年的面板数据，对中国的金融发展水平与城乡收入差距之间的关系进行实证研究，研究发现两者之间呈现正相关关系（具有双向格兰杰因果关系），但是金融发展效率却与城乡收入差距呈现负相关关系（具有双向格兰杰因果关系）。叶志强等人（2011）利用 1978－2006 年我国各省的面板数据验证负相关理论在我国是否成立，金融发展并没有减少城乡收入差距反而是扩大了城乡收入分配不平等的程度，并且金融发展水平与农村居民收入水平呈现出显著的负相关关系。章奇等人（2003）利用我国 1978 年至 1998 年省际面板数据，以银行信贷总量占 GDP 之比反映金融发展水平，证实在 1989 年至 1998 年间金融发展水平对城乡收入差距的扩大作用尤为显著。余玲铮和魏下海（2012）设计了一个门限模型进行实证分析，数据分析结果证明金融发展水平对收入分配差距的影响具有非常明显的门限特征，也就是说当金融发展状况超过其门限值时，金融发展对收入分配不平等的加剧作用将更加明显。此外，张军和金煜（2005）研究证实金融深化和生产率增长之间有着显著正相关关系，同时地区差距与生产率差异相关联，东部地区和内地因金融深化模式差异，造成了中国区域收入差距的进一步扩大。乔海曙和陈力（2009）的研究结论也证实了金融发展和收入不平等之间存在的

"倒 U 型"的非线性关系[1]。李志军和奚君羊（2012）分别从全国、城乡间以及农村和城镇内部四个维度，对金融发展与收入分配差距是否存在"倒 U 型"关系进行了实证检验，结果表明在四个维度上，金融发展与收入差距之间都存在"倒 U 型"的相关关系；虽然金融发展仍然在扩大收入差距，但其作用力度正在迅速减弱；该研究展望，当金融发展水平提高到某一程度后，将变为对收入分配差距产生缩小的效应。与上述实证结论不同，尹希果、陈刚和程世骑（2007）认为，我国城乡收入差距的根本原因是由于金融抑制导致了金融发展的扭曲，另外由于东部发达地区和西部内陆地区金融发展的不平衡，导致我国整体上的金融发展与城乡收入差距之间的关系的不稳定。

三、金融发展与中小企业融资问题

1. 国外研究现状

著名的世界银行经济学家 Beck 和一些研究人员进行相关研究得出：金融发展水平对于解决中小企业融资难问题起到极其重要的作用。Beck 在 2005 年和 2008 年先后两次利用世界商业环境调查（WBES）的微观数据研究发现：与大型企业相比，中小企业在发展过程中所面临的融资困难更加严重，这时如果提高企业所在地区的金融发展水平将会在一定程度上缓解融资难的问题；另外，一个地区的金融发展水平的高低决定了该地区范围内的中小企业的融资模式，较高的金融中介发展水平和良好的金融市场发展情况也可使中小企业拥有更加方便和安全的外部融资渠道，从而增加其外源资金的可获得性。Rajan and Zingales（1998）首先提出应该从微观机理去研究金融发展是否可以推动

---

① 胡月，刘文朝. 西部地区金融发展与城乡收入差距关系研究 [J]. 上海金融学院学报，2011，（02）：22−29.

经济增长。在此观点提出以后，经济学家们逐渐开始探究公司财务决策是否受到金融发展的影响，同时也开始将研究的方向转向金融发展如何缓解中小企业的外部融资困难。相关研究发现金融市场的发达程度在很大程度上可以有效帮助企业缓解"道德风险"和"逆向选择"等问题，最终能够解决企业外部融资成本过高问题[①]。Demirguc-Kunt and Maksimovic（1998）在研究中得出结论：对于企业来讲，发达的金融市场作为良好的融资环境，这不仅可以为企业提供满足运转需求的外部资金，还可以让投资者了解企业的投融资决策信息，这样就可以使阻碍金融市场健康发展的信息不对称问题得以解决，企业获得外部资金的可能性增大。Harvey and Bekaert（2000）通过大量研究得出，提高金融发展水平不仅有助于完善金融市场结构，还可以大大降低企业的外部融资成本，有效地解决企业的融资难的问题。Wurgler（2000）通过研究得出的结论是金融发展水平越高则该地区资源的配置效率就越高。Wurgler 之所以能得出这样的结论，是因为他在研究过程中惊奇地发现，在金融市场相对比较发达的国家里，那些成长性较好的行业能够获得的投资机会多一些；在某些金融市场不发达的国家里，成长性较差的行业同样可以获得很高的投资机会。Laeven（2003）使用了投资－现金流敏感性模型去衡量企业的融资难程度，选取了 13 个具有代表性的发展中国家的公司作为样本，通过分析金融自由化程度对企业外部融资约束的影响，最终得出改善金融自由化程度对企业的融资约束问题具有良好的缓解作用，尤其是对中小企业起到的作用更加明显。Kerr 和 Nanda（2009）通过考察美国放松金融管制对非金融企业的影响，最终得出政府采取的这种措施使资金的事前配置效率

---

① 许蓉. 金融发展、风险投资持股与中小企业融资约束［D］. 重庆大学，2014.

有所提高，降低了行业的准入标准，最关键的是能够很好地降低新兴小微企业的融资约束程度。Rice 和 Strahan（2010）也对该政策的作用做了同样的研究，发现在银行扩张的限制程度较低的地区，中小企业的贷款利率要低很多，并且中小企业能争取到的银行贷款额度要高很多。Mozumdar and Islam（2007）在对金融发展与融资约束的关系进行分析研究时，利用多个国家的大量数据对这些国家所能提供的金融发展环境和企业自有资本的作用进行对比分析，研究所得出的结论表明：金融业越发达的国家，投资对现金流的敏感性就越低。也就是说金融发展可以缓解企业的融资难的问题。Khurana、Martin 和 Pereira（2006）选用 35 个国家 1994－2002 年的金融数据作为研究的样本。对饱受融资约束困扰的企业使用现金－现金流敏感性模型进行了综合对比分析，进而分析金融发展对融资约束的影响。三人研究得出的结论是企业可以通过将现期投资的收益与未来投资的收益进行比较，根据比较得出的结果来选择一个对企业来说持有现金的最佳策略。企业为了能够保证将来的投资资金不受影响，一般的做法是选择从现有的现金流中存储现金，所以就会表现出明显正向的现金－现金流敏感性。Love（2003）在对金融发展与企业融资约束的关系进行研究时，得出当一个国家的金融发展水平很高时，该国的企业尤其是中小企业的融资约束就会明显降低。以上述研究成果为基础，Love 给出以下结论：金融发展可以在一定程度上减少信息不对称，使资本市场环境有所改善，企业的融资约束程度也会在一定程度上降低，最后达到资源优化配置的目的。

2. 国内研究现状

目前，我国经济下行压力越来越加大，中小企业融资难的问题受到了广泛关注。我国的各级政府出台加大对中小企业扶持力度的各项政策，目的是尽快解决其面临的融资约束问题。但是，上述问题涉及的深层次因素非常多，想简单地通过短期政策手段来解决问题是不能实现的。经济学家在探讨中小企业融资难的深层原因时，指出中小企业的自身条件就不利于其获得外部融资。所以，研究金融发展是否能降低中小企业的融资约束就显得尤为重要。唐建新、陈冬（2009）在研究金融发展如何缓解中小企业的融资约束问题的过程中，重点强调中小企业的制度背景的不同会对研究结果造成很大的影响，金融发展可以缓解无政治背景的中小企业的融资约束问题。王艳林等（2012）以 2002－2006 年间的 A 股上市公司为研究样本，运用 Almeida et al.（2004）提出的比较经典的融资约束模型，对金融发展、融资约束与现金－现金流三者之间的关系进行了研究。研究结果表明，我国上市公司大多饱受融资约束的困扰，提高金融发展水平可以在一定程度上解决融资约束的问题，从而降低现金－现金流敏感性[①]。王明栋（2013）以上市的制造业企业 2002－2011 年的数据为样本，在欧拉方程的基础上，经过线性化得到三个模型，研究结果显示：上市公司整体的投资－现金敏感性系数大于零，王明栋的观点与前人不同的是，他认为公司规模的大小并不影响企业的融资约束水平，但是拥有政治背景的企业相对于普通企业融资约束要小得多。秦璐（2014）选用在上交所和深交所网站上披露了企业研发费用的高新技术上市公司作为样本，在研究了我国金融体系发展水平及创新企业目前的投融资现状的前提下，结合信息不对称和融资约束理论分析在企业活动中的融资约束问题并探究金融发展缓解该现象的途径。研究结果表明，金融发展可以在很大程度上缓解非国有企业的融资约束问题，并且更有利于解决中小企业的融资约束问题。

荆逢春（2014）从外资银行的角度，选用 1998－2007 年的

---

① 许蓉. 金融发展、风险投资持股与中小企业融资约束 [D]. 重庆大学，2014.

企业数据库，利用 Logit 模型等多个模型，分别从企业角度和行业角度考察和研究了金融发展、融资约束对出口的作用，结论是外资银行的发展有利于出口。许蓉（2015）基于信息不对称理论来分析导致中小企业产生融资约束问题的深层次原因，运用理论和实证相结合的方法，考察和探究了金融发展、风险投资持股对中小企业融资约束的影响。得出以下结论：良好的金融发展水平能够缓解企业的融资约束问题，换句话来讲就是某地的金融发展水平越高，该地区范围内的中小企业的融资约束程度就越低；刘鹏飞（2014）以 A 股上市公司 2002－2012 年的数据为样本，分别从产权性质、经济期间、企业类型三个方面对我国上市公司面临的融资约束问题进行细致的分析和研究，认为我国上市公司普遍面临融资问题，经济恶化加剧融资约束问题，金融发展能够在一定程度上降低融资约束。胡杰，张瑜（2015）利用 2008－2013 年的创业板数据，研究高新技术产业的融资约束问题，得出的结论是风险投资可以在一定程度上缓解高新技术企业的融资约束问题，尤其是小企业。与此相反，金融中介发展与股票市场的发展不仅不能缓解企业的融资约束问题，而且还加剧了小型企业的融资约束。兰强（2014）选取金融相关比率等五个指标构建了相对比较全面的金融发展指标体系，使用投资－现金流敏感性等多种不同的模型，分别验证金融发展对能源产业融资约束的影响，进一步揭示了二者之间的关系，模型的检验结果一致，结论是金融发展能够降低能源产业的融资约束，为后续学者研究两者的关系提供了可靠的检验工具。王霄阳（2015）以 2010－2013 年山东省制造业公司作为研究样本，使用系统广义矩估计方法，实证分析了不同性质的公司与不同金融发展水平区域内公司的融资约束情况，得出的结论是企业产权性质和企业规模都会在一定程度上影响着融资约束，金融发达地区的融资约束要远低于金融欠发达地区的企业。宋佳玲（2015）选择的研究样本是 2006－

2012 年期间我国 A 股上市公司中的制造业和信息技术业上市公司，实证分析了不同金融发展水平的地区和所有权性质不同的企业在创新投资时面临的金融约束困境，以及其缓解效应的差异性。实证研究发现，我国高新技术上市公司研发投资广泛面临融资约束问题，金融发达地区的公司的研发投资受外部融资约束的程度小很多。姚耀军、董钢锋（2015）在对中小企业融资约束问题的研究过程中，将金融发展与金融结构进行对比分析，提出了与大多数学者不同的观点，他们认为与金融发展水平相比，金融结构才是影响中小企业融资约束的主要原因。张宏彦、王磊心（2016）利用 2011－2014 年的上市公司面板数据，研究金融发展对新型战略产业融资约束的影响。研究结果表明，在金融发展解决新型战略产业融资约束的过程中，股票市场发挥的作用要比银行业大。朱彦元（2013）指出中小企业融资难是当前中国经济发展中面临的重要问题，即便是一些项目具有较高的预期潜在收益，中小企业依然很难从银行等正规金融机构获得足够的资金支持。姚耀军、董钢锋（2013）也做了类似的研究，基于新结构经济学最优金融结构理论，研究发现中小银行的兴起可以在很大程度上降低企业投资对现金流的敏感性，可以有效解决中小企业的融资难的问题。魏志华等（2014）选取了 2007－2010 年 1542 家 A 股上市企业作为样本，实证分析了金融生态环境对企业融资的影响及其作用机制。研究发现优良的金融生态环境将有助于解决中小企业的融资问题，而且政府治理、经济基础、金融发展以及制度文化等方面都发挥了积极影响。相对来说，无政治背景的中小企业将面临更为严重的融资约束，而金融生态环境的改善可以在一定程度上解决融资约束问题。张伟斌等（2012）在分析供应链金融发展对中小企业融资约束的作用时，得出我国中小企业呈现出明显的现金－现金流敏感性，也就是说中小企业受到了明显的融资约束。供应链金融利用供应链上中小企业的分工合作体系，借用大型企业拥有的信息优势来弥补小企业的信用缺位，降低信贷市场的信息不对称程度，进而缓解小企业所面临的融资约束[①]。也有很多学者（刘可等，2013；赖荣华，2014）从投资－现金流敏感性视角对该问题进行了分析，得出的结论与上述一致。肖晶（2016）以世界银行2012年针对中国26个城市的民营企业调查数据为基础，研究在差异化的制度环境背景下中小企业的融资约束问题受中小银行等金融机构发展的影响。研究发现中小银行等金融机构的发展有利于解决中小企业融资约束问题，而且这些金融机构的规模越小，该地区的企业受益越大。

从上述文献回顾中可以看出，金融发展对企业融资约束影响是从微观视角进行分析研究。国外关于金融发展对融资约束影响的研究，起步比国内要早很多，尤其是西方发达国家对于两者的研究已经相当成熟了。国外学者主要应用以下三种模型：第一种是投资－现金流敏感性模型，第二种是现金－现金流敏感性模型，第三种是欧拉方程的投资模型[②]。我国学者的研究主要是借鉴以上三种模型，经过某些变量的替换和增减，演绎出新的模型，前两者应用居多。我国学者大多数都是对A股上市公司的整体或者是针对某一行业或某地区的公司进行研究，由于我国关于这方面的研究起步比较晚，无论是研究视角，还是变量选择以及模型的构建都有非常广阔的探索空间。

---

① 张伟斌，刘可. 供应链金融发展能降低中小企业融资约束吗？——基于中小上市公司的实证分析 [J]. 经济科学，2012，(03)：108－118.

② 兰强. 金融发展、融资约束与能源产业投资效率研究 [D]. 中国地质大学（北京），2015.

第三章 四川省金融发展概况

当前学术界对金融发展内涵的界定更多强调金融发展的质量提升，相对而言，金融增长指的是一国（或地区）金融资产的规模扩张，而金融发展的含义包含了更多的内容。Goldsmith（1969）在金融结构理论中将金融发展定义为金融结构的变化，并指出金融结构的变化包含了短期变化与长期变化，不仅表示连续时间内金融交易的流量概念，而且侧重于比较不同时期的金融结构变化。其中金融结构主要是各种金融机构与金融工具的形式、性质及其相对规模，即金融机构与金融工具共同组成了金融结构。Mckinnon（1973）与 Shaw（1973）在金融深化理论中提出金融发展过程就是指一国（或地区）的金融市场成熟过程。吴先满（1994）认为金融发展涵盖了包括金融资产的增长、金融机构的发展、金融市场的成长以及金融体系的开放等四个层面的综合发展过程。综上所述，尽管学术界对金融发展的研究视角各有偏重，但对于金融发展内涵的核心内容基本一致，即金融发展不仅包括金融规模的扩张，而且更为重要的是包括金融结构的优化与金融质量的提升。

由此可见，当前学术界对金融发展内涵的解释主要从两个层面展开：一方面是金融规模的扩张，主要指金融资产的增长以及金融机构数量的增加；另一方面是金融发展质量的提升，包括了金融结构的优化、金融系统效率的提高、金融市场的成熟以及金融机构的完善等内容。本书在讨论四川省金融发展的过程中借鉴当前学术界的研究成果，主要从四川省金融总量规模的扩张与金融发展质量的提升两个层面对四川省金融发展的状况进行梳理分析。考虑到金融发展与经济发展之间的密切关系，在系统论述四川省金融发展概况之前应首先对四川省的宏观经济背景进行全面的描述。

第一节　四川省宏观经济发展情况

一、宏观经济规模

在经济学中经常使用国民生产总值（GDP）来衡量一个国家（或地区）的宏观经济规模。GDP 指的"是一个国家（或地区）范围内各种生产要素在一定时期（通常为一年）内生产的所有最终产品和劳务的市场价值[①]"，是国民经济核算的核心指标。一般情况下，区域的 GDP 总量与 GDP 增速可以从总体上反映该区域的宏观经济规模。

从 GDP 的各项指标来看，当前四川省的宏观经济形势稳中有进。根据《2016 年四川省国民经济和社会发展统计公报》的相关内容，2016 年四川省坚持以供给侧改革为主线，积极贯彻各项改革措施，推动经济发展转型。2016 年全年实现区域生产总值32680.5 亿元，高居西部地区首位，且在全国排第六位，地区GDP 增长率为 7.7%，相对于全国平均 6.7% 的 GDP 增速水平，高出了 10 个百分点，较好地实现了区域内经济的平稳健康发展。但是从西部大开发战略实施以来整个四川省的经济发展历程来看，四川省的经济发展趋势基本上与全国宏观经济发展背景相适应，在经历了一个长期的高速增长阶段之后于 2012 年开始步入下行阶

[①]　高鸿业. 西方经济学 [M]. 北京：中国人民大学出版社，2014，P376.

段。随着全国宏观经济下行压力的增加，四川省的区域经济同样面临着调整经济结构、提升发展质量等问题（参见图3-1）。

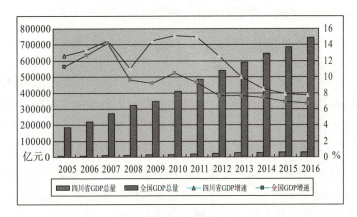

图3-1　四川省与全国的GDP对比

注：数据来源于国家统计局官方网站：http://www. stats. gov. cn、四川省统计局官方网站：http://www. sc. stats. gov. cn/

图3-1反映了最近十年以来四川省与全国的GDP规模与增速的总体情况。从GDP总量上看：2005年以来，四川省的GDP从当年的7385.1亿元增长到2016年的32680.5亿元，平均每年增长了14.48%，同期全国的平均GDP总量由185998.9亿元增长到744127.0亿元，年均增长率为13.43%，相比较而言，近十年以来，四川省的GDP年均增长率要高于全国平均水平。另外，在GDP增速方面，2005年以来，四川省历年的GDP增速均高于全国平均增速，并与全国的经济发展呈同步趋势。2005年以来的持续高速增长势头于2008年受到全球金融危机的影响而出现下滑，经过中央政府采取稳健的货币政策与适度扩张的财政政策，宏观经济走势良好并于2010年达到近十年来的最快增速，之后受全球经济下行压力以及国内经济的结构性问题日渐凸显的影响，GDP增速开始步入下行阶段，四川省以及全国的

GDP 增速持续下降，并于 2016 年创最近十多年来的最低增速水平，分别为 7.7% 与 6.7%。但是相比较来看，四川省作为西部地区发展水平第一的省份总体上的增速要高于全国的平均水平。

二、产业结构

产业结构是指一个国家（或地区）国民经济各部门之间的比例结构，包括国民经济各产业部门之间的比例结构与各产业部门内部的比例结构。目前，学术界常用两部类分类法、三次产业分类法以及资源密集度分类法等方法对国民经济的产业结构进行分类，其中三次产业分类法较为常用。按照三次产业结构分类法，根据一国（或地区）国民经济的发展历程以及社会生产活动的历史发展顺序，将产品直接取自自然界的生产部门称为第一产业，主要以农业生产活动为主；第二产业是那些对初级产品进行再加工的生产部门，主要指工业生产部门；为生产活动和消费活动提供各类服务的生产部门称为第三产业，主要以各类服务业为核心。

1. 产业结构的理论概述

（1）"佩第－克拉克定理"

最早对产业结构演变规律这一问题进行关注的是威廉·佩第。佩第比较了英国的农民收入水平和船员收入水平，发现后者是前者的四倍，从而得出了工业的收入要比农业高，而商业的收入又比工业高，进而认为工业相比于农业，服务业相比于工业具有更高的附加值。这一结论首次揭示了产业结构演变与经济发展和收入水平的基本方向，即佩第定理。

此后，英国经济学家科林·克拉克按照三次产业分类方法，根据一些发达国家的产业结构演变趋势与劳动力的关系，研究了劳动力在第一、第二、第三产业之间变化的规律。根据其研究，随着经济发展水平的提升与收入的提高，劳动力将首先从第一产业迁移到第二产业；随着人们收入水平的进一步提高，劳动力将迁移到第三产业。也就是说劳动力在三次产业间的分布是：随着人们收入水平的提升，第一产业的劳动力将持续减少，而第二产业与第三产业的劳动力比重将依次提高。克拉克进一步指出三次产业间的相对收入差异是劳动力在产业间流动的主要原因，这一研究成果验证了佩第的结论，被称为"佩第－克拉克定理"。

（2）库兹涅茨的人均收入影响理论

库兹涅茨根据克拉克的研究结论，依据各国的历史发展经验采用经济统计学的相关方法，全面分析了经济增长与产业结构变动之间的关系，并重点研究了国民总收入变化和劳动力变动与产业结构变动之间的相关性规律。进一步指出：在人均 GDP 较低的区间内（即 70－300 美元之间），第一产业部门所占的 GDP 份额明显下降，而第二产业与第三产业所占份额相应有了大幅上升，且产业内部的结构变化相对稳定；而在人均 GDP 较高的区间里（即 300－1000 美元之间），第一产业所占的 GDP 份额与第二、第三产业所占份额的变动不大，而在第二、第三产业的内部则发生了较大的结构变化。库兹涅茨将产业结构变化在一定程度上与人均 GDP 变化有关的规律概括为"人均收入影响理论"。

（3）罗斯托的主导产业理论

美国经济学家罗斯托在《经济成长的过程》以及《经济成长的阶段》等著作中提出了"主导产业扩散效应理论"和"经济成长阶段理论"。根据技术进步的标准，罗斯托将一国的经济发展过程分为六个阶段，其中每个阶段都存在起主导作用的产业部门。经济阶段的动态演进就是以主导产业的交替变动为特征的。罗斯托总结的六个阶段分别为：

第一阶段即传统社会。指的是牛顿以前的整个世界，当时整个社会的生产力水平低下，没有现代科学技术，主导产业为农业生产。第二阶段为起飞创造的前提阶段，在这一阶段近代科技开始用于工农业生产，75％以上的劳动力开始从农业转移到工业、交通业、商业、服务业等投资率较高的产业部门。第三阶段称为起飞阶段，基本上与产业革命同期，这时资本积累率在国民收入中所占比重由5％增加到10％以上，有一种或几种主导产业部门带动国民经济的增长。第四阶段是成熟的挺进阶段，这一阶段的现代科学技术已经有效地应用于生产，资本的投资率在10％到20％之间，在技术创新和新兴产业不断涌现和发展的情况下产业结构发生了明显变化。第五阶段为高额民众消费阶段，工业的高度发达使主导产业部门转移至耐用消费品和服务部门。第六阶段即追求生活质量阶段，这一时期的主导产业部门从耐用消费品生产部门转移至提高生活质量的产业部门，例如文教、医疗、保健、福利、文娱、旅游等产业。

（4）钱纳里的工业化阶段理论

钱纳里的工业化阶段理论主要解释了制造业内部各个产业部门的地位及其变动的原因与影响。钱纳里通过对发达国家长期发展的历史经验进行总结提出了产业关联效应的概念，并指出产业关联效应是工业化发展进程中制造业内部结构转换的主要原因，该结论为进一步分析制造业内部的产业结构变动奠定了理论基础。在钱纳里的工业化阶段理论中，将制造业分为三个发展时期，即经济发展初期、经济发展中期以及经济发展后期；与之相应的是制造业也在三个时期分别被划分为三种不同的产业类型，即初期产业，中期产业与后期产业。

（5）霍夫曼定理

霍夫曼定理主要描述了一个国家工业化进程中的产业结构演进规律，是德国经济学家霍夫曼于1931年在《工业化阶段和类型》中提出的。霍夫曼在研究中将制造业生产部门分为资本资料工业与消费资料工业两类部门。通过研究发达国家的经验，霍夫曼指出一个国家工业化过程中普遍存在资本资料工业在制造业中所占的比重不断上升并超过消费资料工业所占比重的趋势，即霍夫曼定理。根据这一规律，霍夫曼认为一国的工业化过程中，制造业的内部产业结构变动都具有相同的趋势，无论一国的工业化开始于什么时候，随着工业化的推进，其消费资料工业部门与资本资料工业部门的净产值之比成逐渐下降的趋势。

（6）赤松要的"雁行形态理论"

1932 年，日本经济学家赤松要提出了用于分析后进发展中国家实现产业结构升级并参与国际分工基本途径的"雁行形态理论"。该理论认为，随着一国发展中比较优势的演变，通常情况下，后起国家特定产业的生命周期呈倒"V"的雁行形态，即后期国家的特定产业要经历引进、进口替代（区域内生产）、出口、成熟和再进口等五个阶段。因此，该国的产业呈现出雁行形态的发展模式以及产业从一个区域向另一个区域转移的过程，并且产业结构的升级优化将在这一过程中逐渐推进。

2. 四川省的产业结构演进与优化

区域经济学在研究区域经济结构调整时常使用三次产业结构的生产总值以及三次产业产值占区域 GDP 的比重来分析区域内的产业结构调整过程。根据产业结构的相关理论，随着区域经济发展，产业结构调整的顺序将发生相应的变化，主导产业部门将逐渐从第一产业向第二产业过渡，在实现工业化阶段之后，随着经济发展质量的提升，产业结构继续调整，主导产业将继续向第三产业部门过渡。

下图 3-2 反映了 2005 年以来四川省三次产业结构的演化进程，总体上四川省的产业结构演进趋势符合"佩第-克拉克"定理的相关结论，即随着经济的发展，第一产业所占比重将逐渐下降，第二、第三产业的比重将不断上升。从图 3-2 可以看到，这一时期四川省基本上实现了以第二产业为主导产业的工业化阶段并逐渐开始进入转型时期。从三大产业的总产值来看，第一产业、第二产业以及第三产业的绝对总产值都在持续提高，其中第一产业的产值从 2005 年的 1481.1 亿元增加到 2016 年的 3924.1 亿元，年均增长率为 9.26%；同期第二产业的部门产值由 3067.2 亿元增加到了 13924.7 亿元，年均增长 14.74%；第三产业的部门产值则从 2826.7 亿元增长到了 14931.7 亿元，年均增长率为 16.34%。可见以服务业为主的第三产业部门产值年均增长率高于第一产业与第二产业的产值。从三次产业产值占区域 GDP 的比重来看，2011 年以前，以工业产品为主的第二产业的产值占四川省 GDP 的比重持续提高，并于 2011 年达到最高的 52.45%，同期第一产业的部门产值占四川省 GDP 的比重持续下滑，从 2005 年的 20.06% 降至 2011 年的 14.19%，第三产业的部门产值占 GDP 比重相对稳定并有微小的下降趋势。但是随着 2011 年全国宏观经济下行，四川省同样面临着产业结构调整升级的问题，在以"去产能、调结构"为核心的宏观经济新常态背景下，四川省的产业结构演进出现了新的趋势。2011 年之后，四川省第一产业产值占 GDP 的比重仍处于下降趋势，而第二产业、第三产业的产值占 GDP 的比重呈反方向的互补关系，其中以工业制造业为主的第二产业由于受到宏观经济新常态去产能的政策压力影响，产值占区域 GDP 的比重开始逐年下降，以服务业为主的第三产业产值占区域 GDP 比重开始逐年上升，并于 2016 年开始超过第二产业产值的 GDP 占比，成为四川省的主导产业。

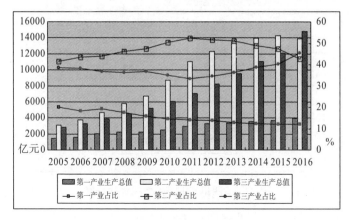

图3-2　四川省产业结构的演进过程

注：数据来源于四川省统计局官方网站：http：//www. sc. stats. gov. cn/

从四川省产业结构的演进趋势来看，2005年以来，四川省的产业结构总体上呈"2-3-1"的产业格局，反映了四川省基本上完成了初步的工业化。此外2016年，最新的产业结构布局呈"3-2-1"格局，说明四川省的宏观经济发展在实现区域内工业化之后，开始了新一轮的产业结构升级优化，逐步由以工业为中心的"2-3-1"结构向以服务业为中心的"3-2-1"结构转变。产业经济学中常使用第二产业与第三产业的部门产值总和占GDP的比重来衡量一个国家（或地区）的产业结构优化程度，图3-3反映了2005年以来四川省的产业结构优化程度。

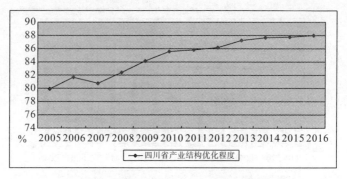

图 3-3　四川省的产业结构优化程度

注：数据来源于四川省统计局官方网站：http：//www．sc．stats．gov．cn/

从图 3-3 可以看到，2005 年之后，四川省的产业结构优化程度总体上呈逐年提高的趋势。在 2005 年至 2011 年期间，四川省实现了以第二产业为主导的工业化，产业结构优化程度持续提高。而在 2012 年之后，在宏观经济新常态的背景下，四川省坚持以转变经济发展为主线，积极推动区域内产业结构调整，开始以第三产业为主导，进一步实现了产业结构的优化升级。

3．四川省三次产业对经济增长的拉动

2005 年以来四川省的产业结构演进显示了四川省正在从第二产业主导向第三产业主导的产业格局转变，同时期四川省经济增长的产业拉动情况同样能够反映这一结论。图 3-4 显示了 2005 年至今四川省各年的经济增长率以及三次产业对四川省经济增长的拉动情况。从产业对经济增长的拉动率来看，第一产业对四川省经济增长的拉动情况相对较低，并基本上稳定在 5％ 的水平以下，第二、第三产业对四川省经济增长的拉动作用明显，尤其是在 2013 年之前，第二产业对经济增长的拉动作用明显高于第一产业和第三产业的拉动作用，反映了这一时期以第二产业为主导的工业化逐渐成熟。在 2013 年之后，随着四川省积极调

40

整经济结构，不断推进经济增长方式转变，以服务业为主的第三产业对经济增长的拉动作用开始成为四川省经济增长的主要拉动力量。这一情况不仅反映了四川省在未来一段时期内的产业结构调整方向，而且说明四川省在转变经济增长方式、推进产业结构调整优化升级方面的政策产生了积极的效果。

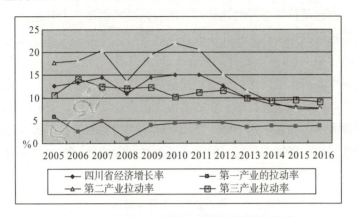

图3-4　四川省三次产业对经济增长的拉动率

注：数据来源于四川省统计局官方网站：http：//www．sc．stats．gov．cn/

三、总需求结构

凯恩斯的有效需求假说奠定了宏观经济学的研究框架，经过宏观经济学领域其他经济学家的不断完善，成熟的有效需求理论认为有效需求不足是造成宏观经济发展陷入停滞的主要原因。在经济开放的条件下，一个国家（或地区）的总需求由国内需求和国外需求构成，其中，国内需求主要指消费需求和投资需求，国外需求指的是净出口。因此，开放经济条件下，总需求结构由投资、消费和净出口三部分组成，投资、消费与净出口也常被称为拉动宏观经济增长的"三驾马车"。

1. 四川省经济增长的"三驾马车"

首先，从四川省的最终消费构成上看，居民消费占消费需求的比重保持 75％以上，而政府消费占消费需求的比重基本上稳定在 23％上下，总体上居民消费占比高于政府消费的比，说明四川省的消费需求大部分来自居民消费。但是 2005 年以来居民消费占比呈持续下降的趋势，而政府消费的占比呈上升趋势，反映了政府的购买性支出在不断提高，有可能会对私人投资产生一定的"挤出效应"。此外，从表 3－1 可以看到，在四川省的需求结构中，居民消费中的城镇居民消费占比远高于农村居民的消费占比，而且城镇居民的消费需求占比仍在逐渐上升，农村居民的消费需求占比在不断下降，突出反映了四川省的消费需求存在结构性问题，解决农村居民的消费需求是刺激消费，扩大内需的关键点。

表 3－1　四川省的消费需求结构（％）

消费＼年份	2005	2006	2007	2008	2009	2010	2011	2012	2013	2014	2015
居民消费	78.88	76.41	75.56	75.50	77.66	77.11	76.43	76.26	76.40	76.90	76.54
城镇居民	60.54	62.08	63.52	65.34	64.88	64.85	64.96	64.20	64.37	64.04	63.99
农村居民	39.46	37.92	36.48	34.66	35.12	35.15	35.04	35.80	35.63	35.96	36.01
政府消费	21.12	23.59	24.44	24.50	22.34	22.89	23.57	23.74	23.60	23.10	23.46

注：数据来源于四川省统计局官方网站：http：//www. sc. stats. gov. cn/

其次，从投资需求的总量上看，2005 年之后四川省的资本形成总额在不断提升，从 2005 年到 2015 年期间，四川省的资本形成总额从 3326.22 亿元增加到了 14806.21 亿元，年均增长率高达 16.11％，反映了近十年来四川省的投资需求在稳步增长，稳定的投资需求在很大程度上保证了四川省经济的稳定增长。从投资需求的结构上看，固定资本形成占比在逐年提升，反映了四川省近十年来以政府投资为主导的大型基础设施建设等固定资本投资在稳定区域经济增长上发挥了积极作用，并将在未来一段时期内继续发挥主要作用，但是存货增加占比逐渐下降则在一定程度上说明四川省的经济增长存在后劲不足的问题。

表3-2 四川省的投资需求结构

结构 年份	资本形成总额（亿元）	固定资本形成（亿元）	固定资本占比（％）	存货增加（亿元）	存货增加占比（％）
2005	3326.22	3179.92	95.60	146.3	4.40
2006	4203.05	4040.03	96.12	163.02	3.88
2007	5242.55	5060.57	96.53	181.98	3.47
2008	6574.63	6352.86	96.63	221.77	3.37
2009	7720.13	7464.20	96.68	255.93	3.32
2010	9219.92	8911.05	96.65	308.87	3.35
2011	11067.68	10691.30	96.60	376.38	3.40
2012	12496.00	12096.20	96.80	399.80	3.20
2013	13494.59	13081.70	96.94	412.89	3.06
2014	14426.45	13990.55	96.98	435.90	3.02
2015	14806.21	14415.31	97.36	390.90	2.64

注：数据来源于四川省统计局官方网站：http：//www. sc. stats. gov. cn/

表3-3显示了四川省2005年以来的服务与劳务净流出情况，可以看到由劳务与服务净流出构成的四川省的外部需求长期以来一直为负。2005年为-208.8亿元，在2009年达到最低为781.4亿元，2015年为-528.1亿元，也就是说2005年以来四川省存在着外需不足的问题，反映了长期以来四川省的总需求过度依赖投资需求与消费需求，而外部需求对经济增长的拉动作用

为负，导致了四川省总需求结构的不协调。

表 3-3　四川省的外部需求（亿元）

年份	2005	2006	2007	2008	2009	2010
净流出	-208.8	-337.7	-351.7	-513.8	-781.4	-644.0
年份	2011	2012	2013	2014	2015	
净流出	-465.4	-549.9	-456.9	-419.7	-528.1	

注：数据来源于四川省统计局官方网站：http：//www. sc. stats. gov. cn/

2. 总需求结构与经济发展方式转型

随着我国宏观经济进入新常态，转变经济发展方式成为宏观经济调结构的核心命题，2007 年十七大报告中提出的加快解决发展方式转变的具体要求为"在需求结构上，促进经济增长由主要依靠投资、出口拉动向依靠消费、投资、出口协调拉动转变"。从图 3-5 可以看出，2005 以来四川省的总需求基本上都是区域内的需求，最终消费额与资本形成总额持续攀升的同时货物与服务净流出长期为负，说明了四川省的总需求中外部需求不足。而从总需求的结构上看，消费需求先降后升，从 2005 年的 57.79% 降至 2011 年的最低水平为 49.58%，之后逐渐升至 2015 年的 52.49%；而同期的投资需求占总需求的比重先升后降，从 2005 年的 45.04% 升至 2009 年的 54.55%，随后逐年下滑至 2015 为 49.27%；这一时期的净出口需求占总需求的比重持续为负，但有所上升，从 2005 年的 -2.83% 升至 2015 年的 -1.76%，说明对外需求长期逆差但缺口在逐渐缩小。

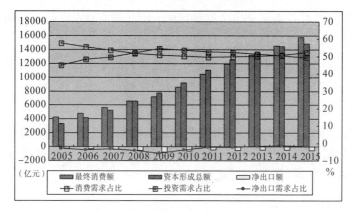

图 3-5 四川省的总需求结构

注：数据来源于四川省统计局官方网站：http://www.sc.stats.gov.cn/

总体而言，四川省的总需求结构过于依赖消费需求和投资需求的拉动，净出口需求拉动作用不明显，总需求对经济增长的拉动作用并不协调。作为西部地区发展水平居于前列的省份，四川省的对外开放水平相对较高，应在此基础上，借助新一批自贸区试点的优惠政策，进一步扩大对外开放，利用自贸区的发展契机，提升对外开放层次，扩大外部需求。同时，通过财税政策和金融政策降低民间资本的投融资成本，提升民间投资的市场预期，减少政府在资本形成过程中的作用。此外，还应当积极扩大内需，刺激居民的消费需求，尤其是农村居民的消费需求，实现需求结构对经济增长的协调拉动，推进经济发展方式转型。

四、通货膨胀与就业

1. 宏观经济目标与菲利普斯曲线

西方经济学理论上将开放条件下一个国家（或地区）的政府在制定经济政策时候需要考虑的主要目标概括为四个，即充分就业、物价稳定、经济增长与国际收支平衡。在现实中，制定宏观经济政策并不能完全实现这些目标，因此政府总是根据面临的现实状况来对这些目标进行排序并制定相应的政策。其中，由于物价稳定与充分就业是经济稳定与持续增长的基本保障，因此这两个目标在政府制定宏观经济政策过程中相对更为重要。根据英国1861—1913年间失业率和货币工资变动率的统计资料，新西兰经济学家菲利普斯于1958年提出了一条用以刻画政府失业率和通货膨胀率之间交替关系的曲线，即菲利普斯曲线。如图3—6所示：

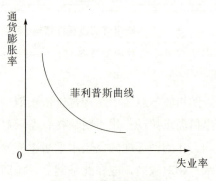

图 3-6　菲利普斯曲线

菲利普斯曲线的经济学含义在于：在短期内，失业率和通货膨胀率之间存在着一种相互替代的此消彼长关系。因此，政府在制定宏观经济政策的过程中，可以在这两个目标之间进行权衡，也就是说政府实施的经济政策能够沿着短期菲利普斯曲线进行选择，从而将失业率与通货膨胀率都控制在政府设置的安全范围以内。

2. 四川省的CPI与登记失业率

经济学中常用的衡量通货膨胀水平的指标除了通货膨胀率之外就是居民消费价格指数（CPI）和GDP平减指数。CPI可以直接反应普通居民对宏观经济中通货膨胀水平的感受，因此本书使用CPI波动状况来分析四川省的通货膨胀水平。如图3-7所示，四川省近十年来的 CPI 波动基本上比较平稳，总体上在 110 的水平上下徘徊，CPI 较高的时期集中在 2009 年到 2012 年之间，其间最高达到了 114.4，主要是受到 2008 年金融危机后政府适度扩张的财政政策与积极的货币政策造成了滞后性的通货膨胀预期。在 2013 年之后，受全国宏观经济下行压力的影响，四川省的经济进入了结构调整时期，投资预期低迷与消费不足等结构性问题造成了通货紧缩的预期，导致 2013 之后一段时期内通货膨胀水平长期在低位徘徊。

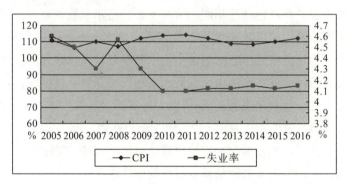

图 3-7　四川省的 CPI 与登记失业率

　　注：数据来源于四川省统计局官方网站：http：//www. sc. stats. gov. cn/

　　从图 3-7 可以看到，同时期内四川省的登记失业率总体上保持了较低的水平，失业率最高的年份出现在 2008 年，主要是受金融危机的影响，之后，失业率持续走低，尤其是 2010 年之后，四川省的登记失业率基本上保持在 4.1％的低位水平，反映了四川省较为良好的就业状况。这一时期四川省的失业率与通货膨胀水平总体上能够反映菲利普斯曲线在理论上所刻画的替代关系，尤其是在 2008 年前后的一段时期内，登记失业率与通货膨胀水平之间的交替关系明显，说明四川省政府在制定地方宏观经济政策的过程中较好的权衡了物价稳定与通货膨胀两个目标之间的关系，并且取得了预期的效果，使四川省的通货膨胀水平与失业水平均保持在了可控的范围内。

五、居民生活水平

经济学中衡量一个国家（或地区）居民生活水平的主要指标有恩格尔系数和人均可支配收入等指标。恩格尔系数（Engel's Coefficient）是经济学中用于衡量一个家庭或一个国家富裕程度的主要标准之一，即食品支出总额占个人消费支出总额的比重。一般而言，在其他条件相同的情况下，恩格尔系数较高，说明一个家庭或者国家的居民生活水平较低；反之，恩格尔系数较低，说明一个家庭或者国家的居民生活水平相对较高。联合国依据恩格尔系数对全球各国的居民生活水平进行了划分，根据联合国的划分标准，恩格尔系数达 59％以上为贫困，50％－59％为温饱，40％－50％为小康，30％－40％属于相对富裕，低于 30％为富足状态。此外，统计部门经常使用城镇居民的人均可支配收入与农村居民人均纯收入来衡量城乡居民的生活水平。

1. 四川省的恩格尔系数

图 3－8 反映了 2005 年以来四川省的恩格尔系数变化趋势。总体上看，四川省的恩格尔系数虽然受到外部冲击而有一些起伏（如 2008 年金融危机冲击造成恩格尔系数的提高），但基本上稳定在 40％上下并在近几年呈下降趋势。说明四川省居民的相对收入在不断提升，消费模式已经开始由"生存型"消费转向"享受型"消费。根据联合国对恩格尔系数代表的富足程度划定标准，当前四川省居民的生活富足程度基本上实现了小康水平，处于向相对富裕水平的转变阶段。

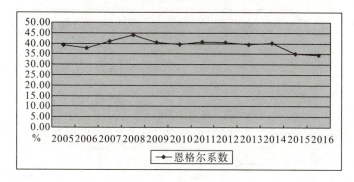

图3-8　四川省的恩格尔系数

注：数据来源于四川省统计局官方网站：http：//www. sc. stats.
gov. cn/

2. 四川省城乡居民收入水平

恩格尔系数的降低从消费支出方面反映了四川省居民的相对
收入在不断提升，而图3-9所示的四川省城乡居民的人均收入
情况则直接从正面反映了城乡居民的收入情况。从图3-9可以
看到，近十多年来，四川省城乡居民的人均收入均实现了持续的
提升，2006年至2016年间，城镇居民的人均可支配收入增加了
3.38倍，而同期的农村居民人均纯收入则增加了4倍，而且城
乡居民的收入差距在不断缩小，城乡居民收入比呈明显下降趋
势。说明近年来四川省实施的一系列惠农扶贫政策发挥了积极的
作用，在推进以城乡一体化为核心的新型城镇化等方面取得了较
大的成就，较好地实现了城乡经济的协调发展。

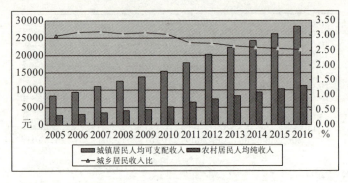

图 3—9　四川省的城乡居民收入

注：数据来源于四川省统计局官方网站：http：//www. sc. stats. gov. cn/

第二节　四川省的金融发展规模

一、银行业

改革开放三十年以来，随着四川省的对外开放力度不断加深，金融领域的市场化改革也在稳步推进，银行业在市场化改革中稳步发展。2005 年四川省的银行业改革取得了阶段性成果，主要表现在剥离银行的不良资产、央行票据置换银行不良贷款以及信托、租赁等非银行金融机构的处置工作方面；同年，汇丰、花旗、渣打银行开始在成都设立分行，四川省银行业的市场化改革进入新的阶段；2007 年四川省中资银行机构的不良贷款率下降到个位数以内；2008－2009 年间，渤海银行、重庆银行、上海银行、民泰商业银行、大连银行、哈尔滨银行、南洋商业银行以及摩根大通银行等相继在成都设立分行，以城市商业银行和股份制商业银行为代表的分行入驻进一步推进了四川省银行业的市场化进程；2009 年之后以新型农村金融机构为代表的惠农金融有了长足发展；2011 年四川省全年新设 10 家村镇银行法人机构，新型农村金融机构开始从小型农村金融机构中分离并专注于惠农金融领域的市场业务，促进四川省银行业市场进一步细分；2013 年四川省银行业的不良贷款率降至 1.53%，同比下降了 0.25 个百分点，同时，农村中小法人金融机构达到 192 家，外资银行法人机构增加到了 26 家，在原有的国有商业银行、政策性银行以及邮政储蓄银行的基础上，基本上形成了股份制商业银行、城市商业银行、农村金融机构以及外资银行共占市场的竞争格局。

1. 大型商业银行

四川省的大型商业银行主要包括中国银行、中国工商银行、中国农业银行、中国建设银行以及交通银行，即传统的国有五大商业银行。在改革开放初期，国有大型商业银行在执行政府货币政策、稳定四川省经济增长方面发挥了积极的作用，但随着市场化改革的深入，国有商业银行与政府的特殊关系及其市场垄断地位成了金融领域改革的深水区。因此，在我国特殊的国情背景下，如何保证大型商业银行作为市场主体公平参与金融市场的竞争成了银行业改革的重点。

表 3-4　四川省大型商业银行的发展概况

年份	机构数（家）	从业人员（人）	资产总额（亿元）
2005	3423	62258	6663.10
2006	3110	61215	7529.00
2007	3386	63541	8908.00
2008	3131	64621	11201.00
2009	3133	64974	14746.00
2010	3126	88202	17938.50

年份	机构数（家）	从业人员（人）	资产总额（亿元）
2011	3212	89695	19290.00
2012	3306	92422	21986.60
2013	3331	93707	24193.00
2014	3340	93972	25838.71
2015	3353	93374	28003.00

注：数据来源于中国人民银行成都市分行官网公布的相关年份的《四川省区域金融运行报告》，中国人民银成都市分行官方网站：http：//chengdu. pbc. gov. cn/

从表3—4中可以看到，2005年以来，四川省国有大型商业银行的规模仍占了银行业的绝大部分市场份额，不论从分支机构设置的覆盖率还是从业人员的规模、质量以及资产总额等方面，国有大型商业银行均占有绝对优势地位。在银行业的市场化改革初期，大型商业银行还被称为国有独资银行，之后随着市场化进程的推进，国有独资银行逐渐改称大型商业银行，分支机构的数目也随之进行调整。但是由于大型商业银行已经形成的垄断地位以及大型商业银行在一定程度上担负着金融服务均等化的义务，2005年以来，四川省大型商业银行的分支机构数目保持在3300家左右，基本上对四川省境内县级以上的地区实现了金融服务的全覆盖；同时，大型商业银行的从业人员规模不断扩张，从2005年的62258人增加至2015年的93374人，十年间从业人员来增加了将近50%，而且从业人员的受教育水平在不断提升。大型商业银行作为市场中的参与者，为了提升自身的竞争优势，在从业人员的选择上更为重视综合业务素质；在资产总额方面，大型商业银行保持了市场的绝对优势，虽然理论上大型商业银行的市场垄断地位在逐渐弱化，但是资产总额并没有受到市场化改革的影响。2005年至2015年间，大型商业银行的资产总额增加了近5倍，年均增长率达15.44%，反映了四川省的大型商业银行在金融市场中仍具有较大的垄断优势。

2. 政策性银行

政策性银行本质上是政府进行宏观经济调控的金融机构。政策性银行不以营利为目的，主要是指由政府发起并出资成立的、为贯彻和配合政府特定经济政策和意图而进行融资和信用活动的金融机构。四川省的政策性银行主要有国家开发银行、中国进出口银行以及中国农业发展银行在省内设立的分支机构，其中国家开发银行主要承担国内开发型金融业务，进出口银行主要承担大型设备的进出口融资业务，中国农业发展银行主要负责与农业政策有关的金融业务。四川省的政策性银行在西部大开发初期为境内大型基础设施建设以及农村金融发展提供了强有力的资金支持。表3-5反映了四川省政策性银行2005年至2015年的发展概况。

表3-5 四川省政策性银行的发展概况

年份	机构数（家）	从业人员（人）	资产总额（亿元）
2005	113	2881	1154.30
2006	113	2825	1285.00
2007	113	2765	1546.00
2008	113	2941	1951.00
2009	113	2988	2464.00
2010	113	3652	2935.10
2011	113	3712	3410.00
2012	113	3776	3982.20
2013	113	3913	4500.00

年份	机构数（家）	从业人员（人）	资产总额（亿元）
2014	113	3883	5145.46
2015	111	3948	6309.60

注：数据来源于中国人民银行成都市分行官网公布的相关年份的《四川省区域金融运行报告》，中国人民银成都市分行官方网站：http://chengdu. pbc. gov. cn/

2008 年之后，随着我国市场经济体制的不断完善，政府的宏观调控手段也开始转变，国家开发银行开始由政策性银行向商业银行转型，其他政策性银行的重点工作开始侧重于对农业扶持。2016 年 6 月，中国农业发展银行与四川省签订合作协议，预计在"十三五"期间农发行将为四川省提供 5000 亿元意向性授信额度，重点投向粮食保障体系建设、脱贫攻坚、幸福美丽新村建设、农村路网及水利工程建设、生态环境保护以及农业科技创新等领域。

3. 股份制商业银行

股份制商业银行是我国商业银行体系中不可缺少的重要组成部分，也是最具有活力的银行市场主体。目前，我国现有的 12 家全国性中小型股份制商业银行（主要有招商银行、浦发银行、中信银行、中国光大银行、华夏银行、中国民生银行、广发银行、兴业银行、平安银行、恒丰银行、浙商银行、渤海银行等）都在四川省境内设有分支机构。表 3－6 反映了 2005 年以来四川省股份制商业银行的发展规模。2008 年随着股份制改革的完成，股份制商业银行的分支机构、从业人员以及资产总额持续提升，在市场所占份额也在持续提高，与大型商业银行形成良性的市场竞争。

表 3-6 四川股份制商业银行的发展概况

年份	机构数（家）	从业人员（人）	资产总额（亿元）
2005	170	4043	1122.30
2006	182	3970	1420.00
2007	73	3227	1763.00
2008	115	4106	2110.00
2009	139	5297	3286.00
2010	171	7242	4465.20
2011	177	6925	5233.00
2012	195	8030	6918.10
2013	221	9877	8325.00
2014	404	10602	8550.93
2015	500	11441	8857.60

注：数据来源于中国人民银行成都市分行官网公布的相关年份的《四川省区域金融运行报告》，中国人民银成都分行官方网站：http://chengdu. pbc. gov. cn/

尤其是 2008 年金融危机之后，政府针对银行业市场化改革出台了一系列政策方针，中小型股份制商业银行迅猛发展。股份制改革之后，中小型股份制商业银行普遍按照商业银行的运营原则改组并采取股份制形式的现代企业组织架构，通过高效决策，灵活经营，逐步建立了科学的管理机制和市场化的管理运作模式。截至 2015 年，四川省已经初步形成多层次、多类型的金融机构体系，股份制商业银行的分支机构数目从 2008 年的 115 家增加到了 500 家，资产总额也由 2008 年的 2110 亿元增长到了 8857.6 亿元。股份制商业银行已经成为四川省商业银行体系中一支富有活力的生力军，股份制商业银行依托自身特点在地方企业融资以及居民理财等方面发挥了重要作用。

4. 城市商业银行

我国的城市商业银行主要是由城市信用社改组而来的地方财政控股的地方性商业银行,是银行业的重要组成部分。城市商业银行的前身是20世纪80年代设立的城市信用社,城市信用社最初的业务定位于向区域内的中小企业提供金融支持,为地方经济搭桥铺路。随着金融市场的不断成熟以及金融业务的多样化,城市信用社在发展过程中逐渐暴露出诸多与风险管理相关的问题。在股份制改革背景下,城市信用社开始逐步转型为城市商业银行,并将为地方经济及地方居民提供金融服务作为核心业务。表3-7反映了四川省近十年来城市商业银行(及城市信用社)的发展概况,可以看到四川省城市商业银行的机构规模、人员规模以及资产规模均实现了稳步的提高。

表3-7 四川省城市商业银行(及城市信用社)的发展概况

年份	机构数(家)	从业人员(人)	资产总额(亿元)
2005	462	5821	542.70
2006	457	5836	822.00
2007	456	6045	1155.91
2008	464	6305	1609.00
2009	467	6685	2472.00
2010	487	10195	3774.70
2011	529	12721	5097.00
2012	579	14460	6970.30
2013	640	15543	9614.00
2014	708	17223	9380.09
2015	814	18207	10886.80

注:数据来源于中国人民银行成都市分行官网公布的相关年份的《四川省区域金融运行报告》,中国人民银成都市分行官方网站:http://chengdu.pbc.gov.cn/

四川省城市商业银行的改制工作基本上与全国同步展开。2009 年 12 月，达州市商业银行正式挂牌成立，四川省境内的 13 家城市信用社全部实现了向城市商业银行的转变，标志着四川省城市商业银行改制工作的完成。2010 年四川省城市商业银行进入新的发展阶段。2010 年 4 月，南充市商业银行在贵阳设分行，成为四川省首家在境外开设分支机构的城市商业银行；2014 年乐山市商业银行发行中西部首只"三农"专项金融债券 25 亿元，城市商业银行在直接债务融资方面取得突破性进展；2015 年，德阳银行成功办理四川省首笔常备借贷便利业务，同年，乐山市商业银行成功办理省内首笔信贷资产质押再贷款业务。

5. 农村金融机构

目前四川省境内的农村金融机构除了有特殊功能的邮政储蓄银行之外，其他的农村金融机构主要分为两类：小型农村金融机构与新型农村金融机构。其中，小型农村金融机构包括农村商业银行、农村合作银行以及农村信用社，新型农村金融机构包括村镇银行、贷款公司以及农村资金互助社。20 世纪 80 年代之后，以农村信用社和邮政储蓄银行为主的传统的小型农村金融机构主要承担着农村地区居民农业生产经营的金融服务，其中邮政储蓄银行是在邮政体制改革过程中分离出来的特殊的农村金融机构。邮政储蓄银行一直以来坚持普惠金融理念，是四川省境内网点最多、覆盖面最广、服务客户数量最多的农村金融机构，表 3-8 反映了 2005 年以来四川省邮政储蓄银行的发展状况。

表 3-8　四川邮政储蓄银行的发展概况

年份	机构数（家）	从业人员（人）	资产总额（亿元）
2005	2815	14069	508.00
2006	2815	13113	——
2007	2903	11968	831.00

年份	机构数（家）	从业人员（人）	资产总额（亿元）
2008	2931	13286	1191.00
2009	2943	14509	1682.00
2010	2958	19160	2057.50
2011	3010	20431	2517.00
2012	3092	22069	3019.60
2013	3130	23519	3392.00
2014	3131	26224	3777.55
2015	3130	25831	4180.80

注：数据来源于中国人民银行成都市分行官网公布的相关年份的《四川省区域金融运行报告》，中国人民银成都市分行官方网站：http://chengdu.pbc.gov.cn/

随着农村地区的不断发展，农村地区的金融需求同样成为我国金融体制改革的重点。为了更好地促进金融服务于"三农"，2007年，银监会发布了《关于调整放宽农村地区银行业金融机构准入政策更好地支持社会主义新农村建设的意见》，提出了新型农村金融机构的改革思路，明确鼓励各类民间资本进入农村金融领域，按照一定要求设立村镇银行、农村资金互助社，同时鼓励商业银行以及农村合作银行在农村设立专门的贷款子公司。2007年，全国首家村镇银行在四川省南充仪陇县设立，新型农村金融机构开始在四川省试点；2011年，凉山州农村信用社股份有限公司正式成立，率先在民族地区启动农村金融机构的产权制度改革试点工作。表3—9反映了四川省农村金融机构的发展概况。

表3—9 四川农村金融机构的发展概况

年份	小型农村金融机构			新型农村金融机构		
	机构数（家）	从业人员（人）	资产总额（亿元）	机构数（家）	从业人员（人）	资产总额（亿元）
2005	6666	40484	1582.60	—	—	—
2006	6666	41148	1896.00	—	—	—
2007	5879	44251	2479.75	—	—	—
2008	5276	38899	3612.00	15	—	9.00
2009	5622	39599	4248.00	22	335	50.00
2010	5635	59464	5099.80	45	452	97.70
2011	5782	60092	6661.00	78	1343	175.00
2012	5788	63188	8816.10	114	1691	296.10
2013	5805	66515	11010.00	153	2450	408.00
2014	5831	67970	15012.71	182	3017	459.41
2015	5851	67437	16031.80	218	3548	590.60

注：数据来源于中国人民银行成都市分行官网公布的相关年份的《四川省区域金融运行报告》，中国人民银成都市分行官方网站：http：//chengdu. pbc. gov. cn/

6. 外资银行

表3—10显示了近十年来四川省外资银行的发展情况。2005年以来，四川省外资银行机构数量从2005年的5家增加到2015年的29家，从业人员数量同期从131人增加到984人，而且外资银行的资产规模不断扩张，2005年至2015年间增加了近24倍。

表 3-10　四川外资银行的发展概况

年份	机构数（家）	从业人员（人）	资产总额（亿元）
2005	5	131	12.30
2006	7	239	25.00
2007	13	250	76.20
2008	17	509	122.00
2009	18	533	131.00
2010	20	775	225.60
2011	22	922	265.00
2012	24	938	312.10
2013	26	954	334.00
2014	29	1055	320.53
2015	29	984	294.00

注：数据来源于中国人民银行成都市分行官网公布的相关年份的《四川省区域金融运行报告》，中国人民银成都市分行官方网站：http：//chengdu. pbc. gov. cn/

外资银行作为在四川省境内由外国独资创办的银行，其发展程度能够很好地反映四川省的对外开放力度以及区域内金融发展的市场化进程。2005 年，花旗、汇丰、渣打等多家外资银行入驻成都设立分行；2006 年，荷兰银行、新加坡大华银行的成都分行相继成立；2007 年，东亚银行成都锦城支行正式成立；2009 年，南洋商业银行以及摩根大通银行成都分行相继开业；2010 年，三菱东京日联银行在成都设分行、澳新银行在成都设立后台服务中心。四川省的金融对外开放力度持续加大，尤其是在 2010 年之后，四川省着力于将成都打造成中国的西部金融中心，出台了更多优惠政策吸引外资银行和企业入川。可以预见，未来四川省金融领域的对外开放水平将提升到更高的层次。

二、保险业

从我国恢复保险业经营三十多年以来，四川省保险业经历了保险机构从无到有、保险险种由少到多、保障范围由小到大、行业实力由弱到强的发展过程。尤其是西部大开发战略实施以来，四川省的保险业持续健康发展，行业内的市场主体不断完善，承保业务增长较快，险种结构稳步改善。在新时期，四川省保险业的发展进一步凸显了保险服务民生的作用。

1. 市场主体方面

总体上，四川省保险业市场主体的规模在持续扩张，总部设在四川省境内的保险机构数量实现了从无到有，同时在四川省境内设分支机构的保险公司数量逐渐增加（详见表3-11）。2011年，和谐健康保险有限公司、锦泰财产保险股份有限公司以及中航安盟财产保险有限公司陆续在成都成立，结束了四川省之前没有将总部设在辖区内保险公司的历史。成都市拥有3家全国保险公司的总部，成为继北京、上海、深圳和天津后，与广州、重庆并列全国第五，进一步凸显了成都市打造西部金融中心的优势；此外，截至2015年，共有80家保险公司在四川省境内设有分支机构，较好地实现了保险行业的市场竞争，其中新成立的2家健康险公司和3家养老险公司进一步促进了四川省保险业的市场细分，以及保险业险种多样化，也说明保险机构的专业化程度在不断加深。

表3-11　部分年份的四川保险业市场主体概况

年份	2007	2010	2011	2014	2015
总部设在辖区内的保险公司（家）	0	0	3	3	3
其中：财产险公司（家）	0	0	2	2	2
人身险公司（家）	0	0	1	1	1

年份	2007	2010	2011	2014	2015
保险公司分支机构（家）	37	54	64	73	80
其中：财产险分支机构（家）	19	25	29	31	35
人身险分支机构（家）	18	29	35	42	40
健康险公司（家）	0	0	0	0	2
养老险公司（家）	0	0	0	0	3

注：数据来源于中国人民银行成都市分行官网公布的相关年份的《四川省区域金融运行报告》，中国人民银成都市分行官方网站：http：//chengdu. pbc. gov. cn/

2. 保费收入以及保险深度与密度

保费收入反映了保险业的总体发展规模，从表3－12可以看出，2005年以来，在保险机构数量扩张的同时，四川省保险业的保费收入增长较快，2005年保费收入仅为189.43亿元，2015年增长至1267.3元，年均增长18.86%，高于全国平均水平。保险深度与保险密度分别体现出保险业在国民经济中的地位以及区域内居民的保险参与水平。从四川省的保险深度来看，从2005年的2.57%到2015年的4.21%，总体上保险业在国民经济中的比重呈上升趋势，且高于全国平均水平，说明保险业在四川省国民经济中的地位不断提升；再看保险密度，四川省的保险密度从2005年的230.67元/人增长到2015年1397元/人，反映了2005年以来，随着四川省经济发展与保险业的发展，境内居民的保险意识在不断提升，区域内保险险种在不断多样化，能够较好地满足居民的保险参与需要。

表3-12 四川省保险业规模情况

年份	保费收入（亿元）	保险深度（%）	保险密度（元/人）
2005	189.43	2.57	230.67
2006	240.17	2.76	274.00
2007	335.80	3.18	411.60
2008	494.28	3.92	607.00
2009	579.03	4.09	709.50
2010	765.77	4.46	938.20
2011	778.70	3.70	968.00
2012	819.53	3.43	1014.70
2013	914.68	3.47	1134.40
2014	1060.63	3.72	1308.30
2015	1267.30	4.21	1397.00

注：数据来源于中国人民银行成都市分行官网公布的相关年份的《四川省区域金融运行报告》，中国人民银成都市分行官方网站：http：//chengdu. pbc. gov. cn/

3. 服务民生方面

保险业服务民生主要体现在保险业赔付险种的不断增加以及赔付额度的提高等方面。2005年，四川省保险业增加了农业保险和出口信用保险，全年为企业、家庭和个人提供了5.3万亿元的保险保障；2006年，万能险在川发展飞速，增速达133.9%，交强险的实施提高了车险的覆盖面；2008年，四川省开展农村小额人身保险试点工作，为9.7万户农村居民提供了风险保障；2009年，四川省农业保险发展迅速，共计为农业生产提供了236.8亿元保障，受益农户达337.5万户；2011年，四川省首创扶贫惠农小额保险在广元市旺苍县开展试点，共支付农险赔款7.4亿元，为农业生产、农民增收和农村稳定提供了有力保障；

2015 年，四川省成为全国巨灾保险试点地区，同时开展了城乡居民住房地震保险试点运营，并为 16.3 万城乡居民提供了 44.8 亿元的地震风险保障。

三、证券业

2008 年之前，四川省证券业经历了长期的证券公司综合治理与上市公司股权分置改革。直到 2006 年，证券公司综合治理工作才取得一定成效，国金证券开始成为规范类券商，率先向社会公开披露信息；2007 年，证券公司综合治理取得阶段性成果，同时 64 家 A 股上市公司中的 62 家完成或进入股权分置改革程序；2008 年金融危机以后，四川省证券期货行业的规范化程度与整体发展质量不断提升。表 3-13 反映了四川证券业的发展概况。

表 3-13　四川省证券业发展概况

年份	2008	2010	2011	2012	2014	2015
总部设在辖区内的证券公司（家）	4	4	4	4	4	4
总部设在辖区内的基金公司（家）	0	0	0	0	0	0
总部设在辖区内的期货公司（家）	4	3	3	3	3	3
年末上市公司数（家）	67	83	88	90	92	103
A 股融资额（亿元）	111.1	216.8	308	252.5	387.24	396
H 股融资额（亿元）	28.1	0	26	0	/	/
债券融资额（亿元）	53.5	280	315	873	1377.58	1589
其中：短期债券融资额（亿元）	38.5	42	94	200	455.5	721

注：数据来源于中国人民银行成都市分行官网公布的相关年份的《四川省区域金融运行报告》，中国人民银成都市分行官方网站：http://chengdu. pbc. gov. cn/

　　首先，证券业的从业机构数量稳步增加。在证券公司方面：目前，总部设在四川省境内的证券公司有四家，分别是国金证券、华西证券、川财证券以及宏信证券，其中国金证券于 2008 年成功上市，成为四川省境内唯一的上市券商；2011 年华西证券成为证监会认可的中西部地区唯一的 AA 级以上证券公司；2014 年末，四川省内的证券公司分公司数量达 23 家，营业部将近 300 家，证券投资咨询公司 3 家，其中境内 4 家法人证券公司的总资产达 695.31 亿元。期货公司方面：在 2008 年华西证券完成了对华西期货收购以后，四川省目前还有三家总部设在境内的期货公司，分别是国金期货、倍特期货和冠华期货；2014 年年末的统计数据显示，四川省有 44 家期货营业部，境内 3 家法人期货公司的资产总额超过 50 亿元。在基金公司方面：四川省只有 12 家基金公司分公司，目前还没有总部设在境内的基金公司。

　　其次，上市公司数量与融资规模持续扩张。截止到 2015 年年末，四川省境内共有 103 家 A 股上市公司，股票市场融资规模持续扩张，A 股融资规模从 2008 年的 111.1 亿元增加到 2015 年的 396 亿元；同期的债券市场发展迅速，债券融资规模为 1598 亿元，与 2008 年相比增长了近 30 倍；2015 年，四川省 "新三板" 挂牌企业达 137 家，共 12.5 亿元；同时，成都（川藏）股权交易中心挂牌企业共 385 家，区域性多层次的资本要素市场逐步形成并不断健全。此外，2015 年末，四川省境内登记的私募投资基金管理人 457 家，管理基金 201 只，规模达 628.9 亿元，反映了四川省证券市场的不断成熟与完善。

四、其他

1. 财务公司

　　财务公司又称金融公司，主要是以中长期金融业务为主的非银行机构，多数为商业银行的附属机构。财务公司的主要职能在于吸收存款,并为企业技术改造、新产品开发及产品销售提供金融服务。在我国,财务公司一般是大型集团的附属机构,而不是商业银行的附属机构,属于的非银行金融机构。截止到 2015 年年末,四川省境内有新希望财务有限公司、长虹集团财务有限公司、东方电气集团财务公司、攀钢集团财务有限公司以及五粮液集团财务有限公司等 6 家财务公司,从业人员 220 多人,资产总额达 604.7 亿元。

2. 信托公司

信托业务主要分为委托和代理两大类,信托公司是指依照《中华人民共和国公司法》和根据《信托投资公司管理办法》规定设立的主要经营信托业务的金融机构。信托是以信任委托为基础、以货币资金和实物财产的经营管理为形式,以融资和融物相结合的多边信用行为。目前,四川省有两家法人信托公司,分别是中铁信托有限责任公司和四川信托有限公司,前者成立于 2007 年,后者成立于 2010 年末。截止到 2015 年年末,两家信托公司共有 931 名从业人员,资产总额达 145.4 亿元。

3. 消费金融公司

消费金融公司是指不吸收公众存款,以小额、分散为原则,为境内居民的个人消费行为提供以信贷为主的金融服务的非银行金融机构,包括个人耐用消费品贷款以及一般用途的个人消费贷款等。2010 年,四川锦程消费金融公司在成都率先开业,与北京、上海、天津同时成为全国首批消费金融公司试点地区。由成都银行和马来西亚丰隆银行联合组建的锦程消费金融公司不仅是全国首家合资消费金融公司,同时也成为中西部地区首家消费金融公司。

4. 小额贷款公司

小额贷款公司是由自然人、企业法人与其他社会组织投资设立的,不吸收公众存款,经营小额贷款业务的有限责任公司或股份有限公司。四川省首家小额贷款公司于 2006 年挂牌成立，广元全力小额贷款公司成为四川省乃至整个西部地区首家小额贷款公司。根据中商产业研究院的大数据库数据，2015 年年末，四川省小额贷款公司共有 352 家，从业人员数量为 7187 人，实收资本为 585.91 亿元，同比增长 0.62%。四川省小额贷款公司的发展在引导民间资本规范化，推进金融体制改革，支持实体经济等方面发挥了积极的作用。

第三节　四川省金融发展的质量

一、金融市场与金融结构

1. 金融结构的界定：银行导向与市场导向

20 世纪 60 年代，Goldsmith 在《金融结构与金融发展》中对金融结构进行了系统的研究。在该书中，Goldsmith 按照金融资产和金融工具的数量、种类以及分布特征描述了金融系统的结构，并开创性地使用了一些指标描述金融系统的结构特征，如金融资产的总量与实物资产的比值（即金融相关率）；各经济部门的金融资产与负债总量以及它们在不同种类金融工具中分布；金融机构与非金融部门所持有的金融资产和负债之间的关系；各种不同金融机构的金融资产和负债的比例关系以及这些资产和负债所采取的金融工具的形式等指标。根据这些指标，Goldsmith 将金融结构分为三类：

第一类金融结构出现在 18 世纪和 19 世纪中叶的北美与欧洲。这种金融结构中的金融相关率相对较低，债权凭证远超股权凭证，商业银行在金融机构中占据着核心统治地位，这种金融机构被认为是金融系统发展的初级阶段，这些特点主要反映了金融机构发展的初期。

第二类金融结构普遍存在于 20 世纪上半叶的多数非工业化国家中，如西班牙、拉丁美洲以及东南亚等地区。这种金融结构的主要特点除了金融相关率较低，债权凭证优于股权凭证以及商业银行占统治地位等还有一个重要特征是政府以及政府金融机构在金融系统中发挥了重要作用。

第三类金融结构主要是 20 世纪初期之后的工业化国家。这些国家的金融结构普遍金融相关率较高，债权凭证虽然高于股权凭证，但是股权凭证相对于债权凭证的比例在上升，而且金融机构日趋多样化，与储蓄机构和私人养老保险组织相比，商业银行的地位在下降。

Goldsmith 对金融结构的研究具有开创性意义，相当多的研究成果已经成为当前学术界研究金融结构理论的经典。考虑到现代金融体系不断扩大的内涵与外延，学术界在研究金融结构的过程中普遍将金融结构概括为两种：即市场导向型金融结构与银行导向型金融结构。在市场导向型金融结构中，除普通银行机构之外，在金融系统中占有重要的地位并发挥主要作用的还有与金融市场密切相关的非银行类金融中介；而在银行导向型金融结构中，主营存贷款业务的商业银行以及类似的金融机构在金融系统的运行中占据着统治地位。由此可见，市场导向型金融结构与银行导向型金融结构的关键区别在于商业银行在金融系统中的地位、各种金融市场的不断成熟和金融工具的多样化。

2. 四川省的金融结构：银行导向型

（1）金融市场的规模与结构

目前四川省主要的金融市场可以分为银行业金融机构、证券业金融机构以及保险业金融机构等。银行业金融机构主要以从事存贷款业务为主的商业银行为市场主体，以及少部分不从事存款只经营贷款业务的金融机构；证券业金融机构主要指从事证券发行和交易服务的专门行业机构，包括证券公司、期货公司以及基金公司等类似业务的金融机构；保险业金融机构是指从事保险业的各种金融机构，除了保险公司外还包括保险代理公司、保险经纪公司以及保险兼业代理机构等。

数据显示，截止到 2015 年年末，四川省银行业金融机构的总资产达 75919.6 亿元，证券市场的股票市值达 12350.63 亿元；保费收入达 1267 亿元。可以借鉴戈德史密斯的金融相关率来衡量四川省金融市场的发展程度，使用各金融市场的金融资产与当前四川省实物资产（本书使用 GDP 作为代理指标）的比来衡量各个金融市场的发展水平。结果如下图 3-10 所示：

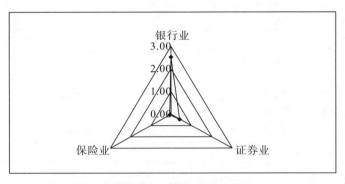

图 3-10　四川省金融市场的规模与结构

从图 3-10 可以看到，目前四川省的主要金融市场中，以商业银行为主的银行业金融机构在金融体系中仍占主要地位。从当前四川省银行业、证券业以及保险业等金融市场的金融资产占四川省实物资产的比值来看，各金融市场的金融相关率分别为 2.52、0.41 和 0.04，银行业金融机构的金融相关率最高，证券业次之，保险业最低。因此，从四川省各个金融市场占实物资本的比例上来看，可以说四川省的金融结构总体上属于银行主导型金融结构。

（2）金融市场的融资结构

从四川省各金融市场的规模以及占实物资本的比例结构来

看，以商业银行为市场主体的银行业在金融系统中占统治性地位，与银行主导型金融结构的主要特点十分吻合。除此之外，从各主要金融市场的运作效果与融资结构来看，四川省的金融结构以银行主导型为主的同时，多元化的金融工具正在不断丰富。如表 3-14 所示：

表 3-14　四川省金融工具的融资结构

年份	融资规模（亿元）	融资结构（%）			
		间接融资	直接融资		
		银行贷款	债券	股票	其他
2005	580.00	96.50	3.50	0.00	0.00
2006	116.70	91.40	8.30	0.30	0.00
2007	1604.70	88.10	2.20	9.70	0.00
2008	2559.90	92.50	2.10	5.40	0.00
2009	4946.90	92.20	4.00	3.80	0.00
2010	4068.30	87.80	7.00	5.20	0.00
2011	3843.80	83.20	8.90	7.90	0.00
2012	4730.40	77.20	18.50	4.30	0.00
2013	7138.50	83.90	6.90	1.20	8.00
2014	7091.60	78.30	12.00	2.20	7.50
2015	5812.00	75.10	12.90	4.20	7.80

注：数据来源于中国人民银行成都市分行官网公布的相关年份的《四川省区域金融运行报告》，中国人民银成都市分行官方网站：http：// chengdu. pbc. gov. cn/

表 3-14 显示了 2005 年以来四川省非金融机构部门在境内不同金融市场通过各种金融工具所获取资金的规模与结构。一方面，从融资规模上看，四川省的融资规模在不断扩张，不仅由于境内金融市场的不断成熟，而且政府对地方性融资平台公司的支持也是的重要原因；另一方面，从融资结构上看，以银行贷款为

主的间接融资占比呈下降趋势，从 2005 年的 96.5％降至 2015 年的 75.1％，同期以债权融资和股票融资为主的直接融资占比从 3.5％增至 17.1％，其中，债权融资占比总体上明显高于股票融资所占比重。可见，以债券融资和股票融资为主的直接融资所占比重在不断上升，同时以银行贷款为主的间接融资所占比重在不断下降，但以银行贷款为主的间接融资占比要明显高于其他金融工具的融资比重。因此，当前四川省的金融结构同样是以商业银行为主的银行导向型金融结构，这一结论与之前的分析结论相同，即以商业银行为主的银行业不仅在四川省金融系统中占有统治性的市场优势，同样在配置资金导向方面发挥着主要作用。

　　3. 银行业的内部结构：政府主导型

　　上述分析结论说明了当前四川省属于银行导向型金融结构，进一步从银行业的内部的制度结构来看，以政府为主导的国有商业银行在银行类金融机构中占据了绝对性的优势，图 3－11 显示2005 年以来，国有大型商业银行在银行类金融机构中的总资产占比情况。

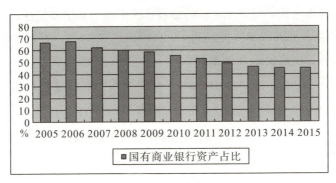

图 3－11　四川省国有大型商业银行的资产占比

　　注：数据来源于中国人民银行成都市分行官网公布的相关年份的《四川省区域金融运行报告》，中国人民银成都市分行官方网站：http：// chengdu. pbc. gov. cn/

2005 年，国有大型商业银行在银行类金融机构的总资产所占比重达 66.63%，随着金融领域市场化改革的深入，这一比重在不断下降，2015 年降至 46%。此外，受限于数据的可得性，国有的邮政储蓄银行和政府参股的股份制商业银行以及有地方政府背景的城市商业银行并未计入统计。因此，仅从国有控股的大型商业银行的资产占比来看，这一比重的持续下降说明随着金融领域市场化改革力度的不断推进，四川省金融改革取得了一定成果，但国有商业银行在银行业中的绝对优势说明四川省银行业内部结构的政府主导特征。

4. 金融机构的存贷款结构

首先是金融机构的存款结构。作为金融机构信贷资金的主要来源，存款结构变化直接影响了金融机构的盈利水平和风险状况；同时，存款的来源结构也会影响一个地区的货币政策执行情况以及经济增长中的资本形成过程。从表 3-15 可以看到，2005 年以来，在四川省金融机构的存款结构中，单位存款与居民个人的储蓄存款占有绝大部分比重，而且个人储蓄存款占比总体高于单位存款占比，反映了居民的储蓄意愿偏高。其中单位存款占比从 2005 年的 32.58% 提高到了 2014 年的 44.94%，在波动中不断提升；而居民个人储蓄存款所占比重从 2005 年的 59.59% 降至 2014 年的 47.85%，在一定程度上反映了居民储蓄意愿以及存款结构的变化趋势。

表 3-15　四川省金融机构的存款结构

年份	存款余额（亿元）	存款结构（%）				
		单位存款	个人储蓄存款	财政性存款	委托存款	其他
2005	9905.33	32.58	59.59	1.79	0.10	5.93
2006	11802.14	33.70	57.50	2.41	0.08	6.30

年份	存款余额（亿元）	存款结构（％）				
		单位存款	个人储蓄存款	财政性存款	委托存款	其他
2007	13980.36	36.93	53.30	3.17	0.06	6.55
2008	18661.04	55.83	51.69	4.54	0.03	−12.10
2009	24976.45	43.06	46.34	3.87	0.02	6.70
2010	30299.67	45.31	45.05	3.89	0.02	5.73
2011	34971.21	48.13	46.45	4.10	0.13	1.18
2012	41576.80	47.26	47.21	3.43	0.09	2.01
2013	48122.05	46.85	47.85	3.01	0.17	2.13
2014	53935.75	44.94	47.85	2.84	0.22	4.16

注：数据来源于中国人民银行成都市分行官网公布的相关年份的《四川省区域金融运行报告》，中国人民银成都市分行官方网站：http：//chengdu. pbc. gov. cn/

从四川省金融机构的存款结构上看，金融机构的存款结构存在不合理之处。表3-15反映了四川省金融机构的存款过多地依赖居民的个人储蓄存款，个人储蓄存款几乎占全部存款的一半左右。这种情况一方面与我国居民的高储蓄率有关，另一方面也反映了金融机构的信贷资金来源渠道单一；同时，单位存款与政策性存款在金融机构存款结构中的比例在不断提升，也反映了四川省金融机构的存款结构在持续优化。

其次是金融机构的贷款结构。金融机构的贷款结构主要反映了信贷资金的配置方向，贷款结构是评价金融机构信贷发展质量的重要内容，主要反映了金融机构的经营战略和风险偏好。表3-16所显示的四川省金融机构的贷款结构主要是基于贷款期限进行分类，短期贷款的期限一般在1年以下（含1年），按照目的和用途分为流动资金借款、临时借款、结算借款等等，短期贷款具有风险低，流动性强的优点但也存在收益较低的缺点。中期贷款的期限在 1 年以上（不含 1 年），5 年以下（含 5 年），长期贷款的贷款期限在 5 年以上（不含 5 年），主要包括：技术改造贷款、基本建设贷款、项目贷款、房地产贷款等。中长期贷款能够为金融机构带来较高的收入，同时也存在风险大、流动性差的问题。

表 3-16　四川省金融机构的贷款结构

年份	贷款余额（亿元）	贷款结构（%）				
		短期贷款	中长期贷款	融资租赁	票据融资	其他
2005	6743.00	43.89	48.54	0.38	0.73	6.47
2006	7833.32	41.98	51.42	0.12	0.08	6.41
2007	9200.33	40.70	55.48	0.10	0.07	3.65
2008	11163.39	37.87	57.32	0.08	0.02	4.71
2009	15680.33	31.96	62.53	0.06	0.01	5.44
2010	19129.79	25.47	72.52	0.05	0.01	1.95
2011	22514.23	26.95	71.57	0.00	1.20	0.28
2012	26163.25	31.16	67.05	0.00	1.54	0.24
2013	30298.85	33.33	64.99	0.00	1.40	0.28
2014	34750.72	31.57	66.19	0.00	1.80	0.44

注：数据来源于中国人民银行成都市分行官网公布的相关年份的《四川省区域金融运行报告》，中国人民银成都市分行官方网站：http://chengdu.pbc.gov.cn/

从四川省金融机构的贷款结构来看，贷款主要由短期贷款与中长期贷款构成，融资租赁与票据融资在贷款中所占比重不足 2%。其中，短期贷款所占比重在波动中下降，从 2005 年的

43.89%降至 2015 年的 31.57%，而同期的中长期贷款从
48.54%上升到 66.19%，反映了四川省金融机构在配置资金的
选择上具有中长期贷款的偏好。这也是我国金融系统普遍存在的
问题，以商业银行为主体的金融机构在追求股东最大利润的原则
下会越来越重视长期、稳定的收益，由此造成了金融机构不断调
整短期资产，增加中长期信贷资产，甚至以牺牲流动性为代价来
增加长期贷款。这种做法加大了金融系统的信贷风险，特别是在
金融危机期间会导致流动性吃紧，中长期贷款比重过高的后果将
非常严重。

二、金融深化与金融效率

1. 金融深化理论

Mckinnon（1973）和 Shaw（1973）以发展中国家的金融体
系为研究对象建立了金融深化和经济增长关系的分析框架，重点
考察了发展中国家特有的"金融抑制"现象，并提出了金融深化
理论。Mckinnon 和 Shaw 分别从"渠道效应"与"金融中介"
的角度出发对发展中国家金融发展与经济发展进行研究，并且得
出了相同的结论：在发展中国家存在着明显的金融约束和金融抑
制现象，这种金融抑制现象不仅削弱了金融体系聚集金融资源的
能力，而且使金融体系发展陷于停滞甚至倒退的局面。他们还指
出造成发展中国家存在金融抑制现象的主要原因在于发展中国家
经济发展中货币化程度不高、金融市场不完善、金融制度开放性
不足以及金融系统存在的二元结构，发展中国家要实现金融与经
济的发展需要在金融深化方面进行改革，如取消利率管制、放弃
金融抑制政策等。Mckinnon 还提出了著名的衡量金融发展的金
融深化指标，即 M2/GDP。

2. 四川省的金融深化程度

在一个国家（或地区）金融深化水平的测度方面，

Goldsmith 提出了金融相关率的概念来衡量金融深化水平，即使用该国家（或地区）金融资产与实物资产之比；Mckinnon 提出的金融深化指标是用一个国家（或地区）的广义货币供给量 M2 与该地区国内生产总值（GDP）的比例关系，这一指标更注重该国家（或地区）的货币化程度。鉴于本书的研究对象仅仅是一个省级地域，而且广义货币供给量 M2 更侧重于整个国家层面，因此本书分析四川省的金融深化时，使用 Goldsmith 提出的金融深化指标。同时，受限于金融资产与实物资产等数据的可得性与准确性，学术界常用当期的金融机构存贷款余额与区域 GDP 作为金融资产与实物资产的代理变量。所以，可以用当年四川省金融机构的存贷款余额与同期的 GDP 之比来衡量四川省的金融深化程度，如图 3-12 所示：

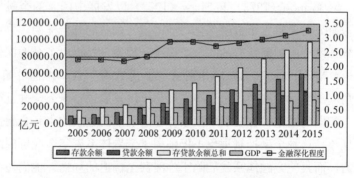

图 3-12　四川省的金融发展与金融深化

注：数据来源于中国人民银行成都市分行官网公布的相关年份的《四川省区域金融运行报告》，中国人民银成都市分行官方网站：http：//chengdu. pbc. gov. cn/

图 3-12 显示了 2005 年以来四川省的金融深化程度在不断加深，以金融机构存贷款余额总和作为代理变量的金融资产与以 GDP 为代理指标的四川省实物资产的比值在不断扩大。2005 年金融资产与实物资产的比值为 2.25，即所有金融机构的存贷款

余额是当期 GDP 的 2.25 倍；2015 年，这一比例升至 3.28 倍，说明四川省金融资产规模扩张速度相对要高于实物资产的扩张速度，反映了四川省金融深化程度在不断提升。

3. 金融系统效率

（1）金融市场效率与资金配置效率

广义上的金融效率指资金在融通市场上所表现出来的有效性。理论上看，金融市场的效率具体体现在五个方面：金融商品价格对各类信息的反应灵敏程度；各类商品价格具有稳定均衡的内在机制；产品的数量及创新的能力；金融市场甄别风险的能力；能否降低交易成本。狭义的金融效率是指金融机构配置金融资源的效率，主要包括两层含义：一是运行效率，即金融机构能否以较低的成本快速将储蓄存款转化为投资贷款，从而促进区域的经济产出；二是配置效率，即金融系统能否将所吸纳的金融资源配置到使用效率最高的经济领域或产业部门。

（2）四川省金融机构的资金配置效率

从金融效率的含义来看，广义的金融效率适用于以一个国家为研究对象的分析过程，针对四川省金融机构效率的分析主要从狭义金融效率含义展开。当前学术界对于金融效率的研究，普遍使用的指标就是金融机构将存款转化为贷款的能力，即用贷款余额与存款余额的比值来衡量一个地区金融机构的信贷转化效率。图 3-13 反映了四川省 2005 年以来区域内金融机构的信贷转化效率，总体上金融机构的效率呈下降趋势。2005 年至 2008 年期间，这种下降趋势明显受到四川省商业银行股份制改革的影响，国有银行的商业化进程减少了金融机构放贷过程中的政府干预，商业银行考虑到风险因素开始在放贷方面更为谨慎，尤其是 2008 年受到全球金融危机的影响，金融机构为了保持流动性而普遍存在惜贷倾向。此后，随着我国宏观的货币政策调整，四川省金融机构的效率逐渐提升并趋于平稳，存贷款转化效率基本上保持在 63％上下。随着 2015 年我国商业银行逐渐放开 75％的存贷比限制，在宏观经济下行的背景下，金融机构应提高资金转化效率以促进区域经济增长。

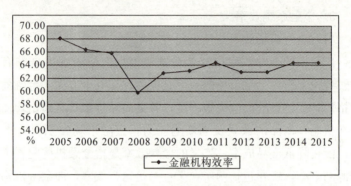

图 3—13　四川省金融机构的运行效率

注：数据来源于中国人民银行成都市分行官网公布的相关年份的《四川省区域金融运行报告》，中国人民银成都市分行官方网站：http：//chengdu．pbc．gov．cn/

三、利率市场化与金融开放程度

1. 四川省的利率市场化进程

利率市场化作为我国金融领域改革的重点工作之一，是推动健全市场经济体制的重要步骤。利率市场化指的是由市场供求来决定金融机构在货币市场经营融资业务方面的利率水平，包括利率传导、利率决定、利率管理以及利率结构市场化在内的五个层面。利率市场化的本质就是将利率的决策权交给金融市场，由金融市场上的金融机构根据资金状况以及对市场的判断来自主调节市场的利率水平，并最终形成以中央银行基准利率为基础，以货币市场利率为中介，由市场供求决定金融机构存贷款利率的市场利率体系和利率形成机制。一个国家或地区的利率市场化程度的关键在于金融市场上的基准利率的市场化水平。

（1）基准利率与浮动区间

基准利率是金融市场上具有普遍参照作用的利率，其他利率水平或金融资产价格均可根据基准利率水平来确定。基准利率是利率市场化的重要前提之一，在利率市场化的条件下，融资者衡量融资成本，投资者计算投资收益以及管理层对宏观经济的调控等都需要有一个普遍的基准利率水平作参考。因此，基准利率是利率市场化机制形成的核心。在中国，一般以中国人民银行对商业银行和其他金融机构规定的存贷款利率为基准利率。

一般而言，中国人民银行除了规定基准利率之外还将会对不同类型的金融机构设置不同的利率浮动区间来实现中央银行调控宏观经济或者执行货币政策等目标。2015 年 5 月，中国人民银行决定金融机构存款利率浮动区间的上限由存款基准利率的 1.3 倍调整为 1.5 倍，扩大了存款利率的浮动范围；2015 年 8 月，央行银行决定放开 1 年期以上（不含 1 年期）定期存款的利率浮动上限；2015 年 10 月，央行出台新的规定开始取消对商业银行和农村合作金融机构设置的存款利率浮动上限。

（2）四川省的利率浮动区间

随着央行不断开放对金融机构存贷款利率水平的管制力度，各地方金融机构可以在基准利率的浮动区间内根据区域内金融资源的供求关系来决定利率的浮动范围，这一改革大大增强了四川省金融机构的自主定价能力。截止到 2015 年年末，四川省金融机构的存贷款利率稳中趋降，金融机构自主定价能力的提升很好地推动了区域内的利率市场化进程，尤其是在存款利率管制放开之后，在利率定价自律机制约束下，四川省金融机构基本上形成了分层有序、差异化竞争的竞争格局。

2015 年 12 月，四川省人民币一般贷款加权平均利率水平为 6.12%，相对于 2015 年年初下降了 158 个基点；同期，四川省金融机构一般贷款中执行下浮、上浮利率的贷款占比分别为

9.6%与71.3%，相对于年初分别上升6.2和下降8.1个百分点；同时，各金融机构的人民币存款挂牌利率总体上浮比例均超过基准利率的30%。另外，地方法人金融机构定价机制建设取得积极进展，22家地方法人机构取得同业存单发行资格，2015年全年发行1070.6亿元，11家地方法人机构取得大额存单发行资格，全年发行23.1亿元。此外，在民间融资利率方面，2015年四个季度的民间融资监测利率分别为14.86%、17.62%、16.19%和17.21%，相对于2014年，均呈下降趋势，反映了四川省利率市场化初具成效。

2. 四川省的金融开放

金融开放包含了静态开放和动态开放两个层面的内涵：从静态角度来看，金融开放指的是一个国家（或地区）的金融市场对外开放程度；从动态来看，金融开放指的是一个国家（或地区）的金融市场由封闭状态转向开放状态的过程。分析一个地区的金融开放程度主要从该区域的国际资本流动以及金融业务的外向性等视角展开。

（1）四川省的外资利用水平与跨境人民币业务

首先，在外资利用水平方面。受全球宏观经济下行压力的影响，外资投资意愿相对低迷，四川省的外资利用状况略有回落。截止到2015年年末，四川省的外商直接投资额为100.7亿美元，略低于2014年年末的102.9亿元；同期，四川省实际利用外资额为104.40亿美元，同样略低于2014年年末的106.53亿美元。

其次，在跨境人民币业务方面。四川省的跨境人民币业务在总体上保持了较为快速的发展。2015年年末，四川省与全球129个境外国家或地区之间有跨境人民币业务往来活动，涉及的跨境人民币结算规模为1658.1亿元，同比增长35.5%，人民币跨境收支在全省的本外币国际收支中的占比达30%；同时，跨境人民币业务结构明显改善，经常项目下的人民币跨境业务结算额度占比为 74.6%；资本项目下的跨境人民币业务取得新的进展，其中对外人民币直接投资结算规模同比增加了 8.5 倍，跨境双向人民币资金池的数量增至 11 个。

（2）成都市的金融国际化

金融国际化的内容涵盖了金融机构国际化、金融市场国际化、金融交易国际化以及金融监管国际化等多方面内容。叶耀明、张云慧等（2009）在研究上海市金融国际化问题中，结合国际金融理论提出金融国际化包含了货币、金融市场、金融业务、金融机构、金融监管、金融人才以及资金流动等多方面的国际化，并认为一个城市的金融国际化水平也应从这些视角进行研究，通常从该城市的经济发展国际化程度、金融活动的国际化程度以及金融的生态环境自由化程度等维度来研究。

2010 年 2 月，四川省政府印发的《西部金融中心建设规划（2010−2012）》中提出了将成都建设成西部金融机构中心、西部金融市场和交易中心以及西部金融服务中心的初步战略；同年 9 月，《四川省成都市天府新区总体规划》中提出通过建设天府新区提升区域金融服务的集聚程度，通过引进国内外优质金融资源不断提升成都市的金融国际化水平。从北京、上海、深圳等区域性金融中心的发展经验来看，提高城市的金融国际化水平是打造区域金融中心乃至国际金融中心的必经路径。2010 年以来，为推动成都市构建西部金融中心战略的顺利实施，四川省政府以及成都市政府在深化金融改革方面制定了一系列积极政策，同时不断扩大金融领域的对外开放力度，通过提升成都市的金融对外开放层次来提升金融国际化程度。随着四川省自贸区试点工作的开展，成都市提高金融国际化、构建西部金融中心可以有针对性地借鉴上海市的发展经验，尤其是上海在建设亚洲金融中心的过程中开展各项金融对外开放的试点业务。表 3−17 反映了 2015 年成都市与上海市在金融国际化方面部分业务的对比情况。

表 3—17 上海市与成都市金融国际化水平的对比情况

城市 指标	上海市	成都市
进出口贸易额（亿美元）	28060.9	515.9
外商利用水平（亿美元）	589.4	100.7
跨境人民币结算（万亿）	2.7	/
外资银行机构（家）	212	29
外资银行从业人数（人）	12910	984
外币存款余额（亿元）	800 多	140 多
外汇交易量（亿美元）	7240	15.3
提供自由贸易账户服务的金融机构（家）	42	0
境外债券市场金融机构（家）	128	0
开通自由贸易账户（个）	44185	0
离岸金融业务	比较成熟	未试点

注：表中数据截止至 2015 年年末，数据来源于《上海市统计年鉴2015》与《成都市统计年鉴 2015》以及上海市与四川省的区域金融运行报告。

第四章　四川省金融发展与经济增长的关系研究

　　自古以来，四川省的经济增长在西南地区是比较突显的，但是相比于中部和东部地区仍然有些差距。由于地处偏安一隅，在蜀汉时期，武侯六出祁山而不胜，以战养战之法功败垂成。从此便有了"天下未乱蜀先乱，天下已治蜀后治"等论断，可见四川省由于地理环境比较特殊，山路崎岖，对其经济政治产生了闭塞与隔离的影响。自从改革开放以来，交通环境的不利因素得到了显著改善，四川省的经济发展取得了长足的进步，逐渐成为西南地区的经济中心。但是不得不说，仍然存在着许多需要关注的经济问题与决策难题，比如某些基础行业比较落后，并没有发挥出地区的比较优势；国企的改革问题呼之欲出；还有生态问题、房地产市场和金融市场的异常活跃等种种问题都进入了人们的视野。经济环境能否与社会制度、人文心理产生一个自洽的联系与修正体系，这些问题引起了学术界的学者与政策制定者的广泛关注。其中最重要的问题当属金融与经济的相互关系问题。

　　在2017年10月份召开的中共十九大会议上，习总书记在报告中提出中国特色社会主义进入新时代，社会的主要矛盾已经转化为人民日益增长的美好生活需要和不平衡不充分的发展之间的矛盾。因此不少学者注意到，只有利用经济学和其他学科的交叉研究，才能找到经济治理的有效方案。在研究经济现象时，不能脱离地理环境因素、历史背景等条件，更不能空谈经济建设。在分析四川省的金融发展与经济增长之间的关系时，不能简单套用国外理论和观点，必须要利用四川省经济数据进行实证分析。

本章的主要内容就是对四川省金融发展对经济增长的影响进行实证分析。由于在第三章已经详细地介绍了四川省的经济与金融发展状况，本章在第一节简单概括四川省经济的特殊性和省内各地区的差异性；第二节详细梳理有关金融发展与经济增长关系的国内外文献，以便构建合理的理论框架；第三节是本章的核心，利用计量经济学的实证分析方法，研究四川省金融发展对经济增长的影响，并进一步分析其内在原因，最后提出政策建议。

第一节　四川省经济增长与金融发展的现状分析

一、四川省经济增长概述

1. 背景分析

陈丹丹（2012）认为四川省经济的发展是又快又好的，四川省成了西部地区经济绩效之首，该文提到"如何在经济发展方式转型的时代潮流中，抓住机遇，立足优势，加快新型工业化和现代化建设的步伐，是决定能否继续增加经济总量，提高经济增长质量，抢占经济发展先机的关键性战略问题。"不妨以此为分析框架来研究四川省经济发展的脉络。

首先，在经济发展方式转型的大背景下，经济发展的方式多种多样。2011 年之后，中国从两位数的增长速度降至 10% 以下，这是一种结构性的减速，反映了我国经济发展进入了一个新的历史时期，这个时期就是经济新常态[①]。从整个人类的经济发展速度来看，工业革命之后的经济发展速度比工业革命之前提高了将

---

① 金碚. 中国经济发展新常态研究［J］. 中国工业经济，2015（1），5–18.

近16倍,所以说工业革命作为人类历史的一个特殊时期,比其他时间的经济发展速度快得多,亚洲作为后发国家为世界的经济增长起到了巨大的作用,从表4-1可以看出。因此,虽然中国进入经济发展的"新常态",但是比起世界上的其他国家,尤其是发达国家来说,其发展速度还是很快的。在经济发展方式转型的大背景和经济新常态的小背景中,这对于四川省的经济发展形成了严峻的考验。

表4-1 经济发展速度图

工业革命以来的全球人均产值年增长率				单位:%
年份	全球	欧洲	美洲	非洲	亚洲
0—1700	0.0	0.0	0.0	0.0	0.0
1700—2012	0.8	1.0	1.1	0.5	0.7
1700—1820	0.1	0.1	0.4	0.0	0.0
1820—1913	0.9	1.0	1.5	0.4	0.2
1913—2012	1.6	1.9	1.5	1.1	2.0

资料来源:[法]托马斯. 皮凯蒂. 21世纪资本论[M]. 巴曙松译. 北京:中信出版社,2014.

其次,如何抓住机遇,立足优势。四川省的经济发展优势在哪个方面,这不仅仅取决于其地理位置,气候环境和风俗习惯,也依赖于经济发展的惯性与潜力。随着时代的发展,科技的进步,人民的偏好已经发生了变化;在西学东渐的大背景下,机遇有可能会演变成危机,而优势又往往难以发挥,直到消磨殆尽,就可能转变为劣势。要立足于四川省的潜在经济增长极的角度去考虑,要注意西南地区经济带的影响,西部大开发的政策性影响,这些都是机遇,能演化成四川省经济腾飞优势。

再次,加快新型工业化和现代化建设的步伐。党的十六大报告中提出的新型工业化概念,即"走出一条科技含量高、经济效益好、资源消耗低、环境污染少、人力资源优势得到充分发挥"的新路子。近年来，各种污染造成了极大的危害，最为明显的后果就是各地都发生了持续的雾霾天气，这无疑是粗放型生产对生态环境和资源能源的巨大损害，是留给未来后代的疑难杂症，不利于可持续性发展。李文强，陈宪（2011）认为新工业化是以信息化带动工业化，以工业化促进信息化，其互动的实现途径是把信息化和工业化在产品，产业，经营三个层面上进行结合，构建更高竞争力的产业链关系，促进产业升级。工业化最早来源于18 世纪晚期蒸汽机的发明，工业革命呈现波浪式的发展态势，将工业化的进程扩展到了新的区域先是欧洲和美国，然后传播到俄国和日本①改进生产方式，强调科技创新，是四川省新型工业化的发展方向。

最后，如何增加经济总量和经济质量来抢占经济发展的先机。中国经济发展进入了一个"两头冒尖"的境地，一方面是经济增长，另一方面是腐败丛生，生态环境破坏严重，但是转变经济方式非常困难②。这种发展模式毋庸置疑是不健康的，是不可持续的，所以如何找到经济发展新的增长极，已经成为政府智囊和专家反复研究探讨的重大问题。国家积极调控产业政策，推行中国制造 2025 的战略方针，提出了"大众创业，万众创新"的指导意见，因此，四川省务必利用好科技创新这个经济增长的"加速器"，继续引领西部经济发展与建设，争当新时代的领头羊。

2. 经济水平与地位分析

王怡婷、吴殿廷（2015）构建了经济收入的 8 个指标（人均地区生产总值、城镇居民人均可支配收入、农村居民人均纯收

---

①　大卫. 克里斯蒂安，极简人类史 [M]. 王睿译，北京：中信出版社，2016.
②　黄少卿. 走出发展的陷阱 [M]. 北京：中信出版社，2016.

入、第三产业比重、人均社会零售商品总额、第二产业比重、人均财政收入、财政收入占国内生产总值比重），把四川与全国 30 个省市相比较，认为四川省 20 年来经济地位由第 26 名上升到了第 21 名，综合经济水平仍然属于全国中下水平。这个结论反映四川省经济水平的发展存在着特殊的桎梏，由于其区位的特点和文化的因素，造成其经济发展的难度相对较大。然而，该文的不足是没有具体解释为何用这八个指标来衡量四川省的经济状况。

陈丹丹（2012）将经济增长质量划分为六个指标，分别是经济增长的效率、经济增长的结构、经济增长的稳定性、经济增长的福利变化和成果分配、资源利用和生态环境代价以及国民经济素质，利用主成分分析法计算出四川省的经济增长质量指数，并使用该指标在西部十一个省份之间进行了排名，四川省经济增长质量指数从 2010 年的 2.84883 上升到 2010 年的 10.28511，产生了巨大的进步。分别看这六个指标，经济增长的效率方面四川省排名第六，经济增长的结构方面排名第二，经济增长的稳定性排名第一，经济增长的福利变化和成果分配排名第一，经济增长的生态环境代价排名第二，国民经济素质方面排名第三。综合来看，这六项指标的排名比较靠前，由于西部地区经济发展落后，该指标的排名不能说明四川省经济增长状况在全国处于优势地位。

二、四川省各地区的差异分析

四川省属于中国西南地区，处于长江中上游，行政区划有 21 个地、市、州。按照区域经济学的一般规律，地区经济趋于不平衡发展，由金融银行业、贸易和批发业、信息产业、现代化的工业、现代化的服务业等所组成的高级循环系统主要集中在中心城市，这些中心城市充当区域经济的组织者和协调者的角色[①]。在四川省同样存在着中心城市和外围地区，主要地区和次要地区，相对发达区域和相对不发达区域。

有学者将四川省的市州地区按照经济实力分为六个等级。第一个等级是成都市，作为四川省的省会所在，经济相对发达，基础设施更为健全。第二个等级为攀枝花市，因其具有丰富的自然资源，具有有色金属和能源的工业基地，城市化和经济发展速度较快。第三个等级为绵阳市，德阳市，乐山市和宜宾市，因其距离成都的交通便利，受到中心城区的辐射作用更大，起到了四川省经济增长极的作用。第四个等级为自贡市，雅安市，遂宁市，广安市，泸州市，眉山市以及南充市，这几个地区农业条件良好，但工业发展缓慢，资源相对贫乏，生态环境恶劣，经济发展相对落后。第五个等级为达州市，资阳市，广元市，巴中市以及内江市。最后一个等级为阿坝藏族羌族自治州，甘孜藏族自治州和凉山彝族自治州，这三个地区面积超过四川省总面积的二分之一，但是 GDP 仅占四川省的百分之五，是四川省的贫困地区，经济发展非常落后[②]。

如今四川省飞速发展，区域差距不断缩小，本文将各市州地区的经济实力分为四个等级。见图 4-1，根据四川省统计年鉴中的 2014 年国民生产总值进行分类，可以看到，成都市仍然是处于第一个等级的，而处于第二等级的则是绵阳市、德阳市、宜宾市、南充市、达州市、凉山彝族自治州、泸州市、乐山市、资阳市、内江市和自贡市，这些地区的国民生产总值介于 1000－1600 亿元之间，远远小于成都市 10056.59 亿元，而第三等级为

---

① 安虎森等. 新区域经济学（第三版）［M］. 大连：东北财经大学出版社，2015.

② 任平，周介铭. 四川省经济发展水平区域差异综合评价研究［J］. 四川师范大学学报（自然科学版），2007（1），102－105.

眉山市、广安市、攀枝花市、遂宁市以及广元市，这几个地区的国民生产总值介于 500—1000 亿元，第四个等级为雅安市、巴中市、阿坝藏族羌族自治州和甘孜藏族自治州，这四个地区的国民生产总值低于 500 亿元。

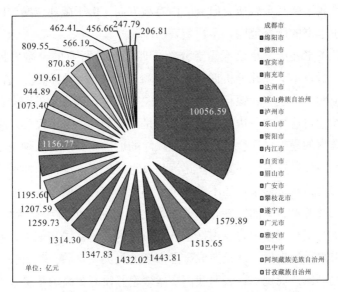

图 4—1　2014 年四川省各市州国民生产总值概况图

注：数据来源于年 2015 年四川统计年鉴，四川省统计局官方网站 http：//www. sc. stats. gov. cn/。

三、四川省金融发展概述

关于金融发展的分类，大体上可以分为三种：宏观、中观和微观。宏观金融反映一个国家的金融发展，在政治经济学中被称为虚拟经济的发展，即由名义变量所支配的经济。货币发行、利率、汇率都是构成虚拟经济的重要因素，受到中国人民银行的调控和管理。由于宏观指标在全国范围内基本上是一致的，不属于四川省的特性，故不加以讨论。中观金融是从金融产业的角度进行分析，银监会、证监会、保监会分别监管我国的银行业、证券业和保险业，这三大行业代表了金融发展的主要动力。这三个行业分别具有不同的金融功能，对经济增长的作用各不相同。金融市场上的股票定价、交易量、衍生品的创新，以及投资产品的组合都属于微观金融所要研究的内容与方向。由于微观金融方面不属于本书的研究范围，不再赘言。

本书在第三章已经重点介绍了四川省分行业的金融发展情况，所以本节在此分析四川省的金融发展中遇到的问题。首先，从金融结构上看，银行业的金融相关率最高，远远大于证券业和保险业，这种"一边倒"的结构，是不合理的。这不仅会产生金融效率的损失，还会造成流动性风险的增加。其次，从融资结构看，间接融资占主导地位，远远超过直接融资，这种结构说明四川省直接融资的渠道还不够完善，不能够支持小微企业、农业金融以及普惠金融的发展，从而可能会阻碍科技创新和经济增长。再次，银行行业中政府占据主导地位，这一比例居高不下，有可能带来寻租现象，甚至造成金融市场的失灵，最后，四川省存贷款比例保持稳定，这表明我们金融效率并没有提高的趋势。随着互联网金融的兴起，提高金融效率成了金融发展的目标之一。

第二节　金融发展与经济增长的理论分析

在现代经济中，金融因素的作用日益重要，从历史的经验中能看到金融对经济的促进作用，也能看到阻碍作用——震惊世界的金融危机。所以研究金融发展不仅为经济发展提供有力的加速工具，更是为了有效防止金融危机的发生。本书第三章已经对金融发展的情况做出了详尽的介绍，本节主要介绍金融发展与经济增长之间存在着哪些联系，这两者的关系是直接还是间接的，是什么要素在这两者之间发挥着重要的作用，等等。本节的主要内容是通过对以前的文献进行梳理，分析并论述金融发展对经济增长的影响。

一、早期的理论研究

最早对金融的作用加以考虑的经济学家可以追溯到熊彼特（1912），他认为金融对经济增长的促进作用主要体现在对企业家的融资上，通过对在创新产品和生产过程中最具成功机会的企业家的识别，功能良好的银行可以向他们提供信贷融资，从而达到促进技术创新、生产进步和经济发展的目的；然而金融对经济产生的影响并没有受到广泛的重视，被"企业家精神"和"创造性破坏"等新颖的概念所掩盖。直到1929年史无前例地爆发了金融危机，而后导致了众所周知的大萧条，银行与企业相继倒闭，失业率持续上升……这些经济低迷与信心丧失的现象是金融市场的崩溃这一导火索产生的"多米诺骨牌效应"，于是金融这一重要的领域才逐渐引起人们的关注。

1. 金融结构论

著名经济学家雷蒙德·戈德史密斯（Goldsmith，1969）做出了开创性的贡献，探讨不同的国家的金融结构的变迁对经济发展的影响，在其著作《金融结构与发展》中将金融结构定义为经济体中的金融中介、工具、市场以及它们之间的互动关系，提出了衡量这一资源发展水平的以金融相关率（FIR，全部金融资产价值有形资产价值）为代表的存流量指标，研究了金融结构随经济发展的演变轨迹及是否影响经济增长速度等问题。他通过对35个国家1860-1953年一百多年金融经济数据的比较分析，发现金融与经济的相互作用关系在大多数国家都是存在的。金融结构的规模与复杂程度会随着经济总量和人均实际收入的增加而增大。另外，经济增长也可以由金融结构变化来促进，而这种金融结构的变化在一定程度上则可被称之为金融发展。由于一国经济稳定增长运行与金融发展有着如此紧密的联系，戈德史密斯提倡要保持整个金融结构和金融体系的稳定。

2. 金融抑制论和金融深化论

麦金农（Mckinnon，1973）和肖（Shaw，1973）在 1973 年出版的著作《经济发展中的货币与资本》《经济发展中的金融深化》提出了金融抑制和金融深化的概念，他们论证了在发展中国家普遍存在的金融抑制对经济增长的阻碍作用及过程问题，进而阐明了在这些国家实行金融深化的必要性。《经济发展中的货币与资本》对阿根廷、巴西、治理、德国、韩国、印尼、中国台湾二战后的金融体系与经济增长的状况进行研究后，认为发展中国家存在严重的金融压抑，即发展中国家存在过多的金融管制、利率限制、信贷配额、金融资产单调等现象，市场机制的作用无法得到充分的发挥。《经济发展中的金融深化》的研究对象是发展中国家的金融中介机制，他们的"金融深化"理论认为发展中国家的经济改革应首先从金融改革开始，通过金融市场化实现利率、汇率、储蓄、投资与经济增长的协调发展，消除金融抑制。

根据他们的分析，金融抑制是政府机构对金融中介及其活动过度干预的结果，这样的干预会压制金融体系的发展，从而阻碍经济增长，形成金融抑制与经济落后的恶性循环；所以要实施金融深化的手段，政府应该部分或全部取消这些干预活动，营造金融市场良性发展的环境。综上所述，早期学者对金融发展具有足够的重视，他们已经着手研究金融发展对经济增长的影响，并且认为两者之间的影响方向是互相的，影响的途径非常多，关系也非常复杂。

二、现代外国学者的观点

20 世纪 70 年代以后，对金融发展的研究趋于平淡，直到 80 年代中后期，学者们对金融发展的兴趣悄然复苏了，并且通过大量实证研究表明金融发展对经济增长不仅具有水平效应，同时也具有增长效应。

Pagano（1993）总结并且分析了 70 年代以后金融发展对经济增长的主要文献，他基于内生增长理论的视角，认为经济系统在没有外生技术进步的情况下仍然可以自我维持，其稳定的经济增长率与偏好，技术，制度，收入分配以及金融中介等因素息息相关，根据对 AK 模型的简单推导得出了以下公式（推导过程略过）：$g = A\varnothing s - \delta$，g 表示经济增长率，A 表示影响经济增长的除去资本（包括物质资本和人力资本）以外的综合因素，$1 - \varnothing$ 表示在金融中介系统中损失的比率，s 表示储蓄率，δ 表示折旧率。金融中介的发展可以影响到 A、$\varnothing$、s 三者的变化。然而，Pagano 认为金融发展仍然是个空泛的概念，如何准确地估计其对增长的影响就需要更具体地研究个别的金融市场，其次金融中介如何发展以及它发展的顺序仍然是等待研究者开拓的荒芜之地。

1. 金融结构主导论

在戈德史密斯提出了金融结构的概念之后，Kunt 和 Levine 将金融结构定义为金融中介机构与金融市场的相对情况，并且将金融体系划分为"银行主导型"和"市场主导型"两种结构。这一划分使得金融结构的概念更加具体，利用这种定义方式来研究金融结构，逐渐演化为一种新的研究范式，很快引起了学术界的重视[1]。

Diamond（1984）、Boyd and Prescott（1986）、Bencivenga 和 Smith（1991）、Sirri 和 Tufano（1998）等学者倡导银行主导论，他们认为银行作为间接融资的手段，拥有很多优势如下：（1）能够快速便捷地获得企业的信息，提高企业的办公效率；

---

[1] 周莉萍. 金融结构理论：演变与述评 [J]. 经济学家，2017（3）：79−89.

（2）采用跨期流动性的管理手段，提高了投资效率；（3）聚集了大量资金能够产生范围经济，使外部融资具有更多的渠道。银行主导型的金融结构与企业之间产生紧密联系，往往能够与需要融资的企业保持长期的合作，降低了信息不对称的程度，减少了交易成本。这种紧密的衔接有可能是通过抵押品或者第三方担保的形式。由于银企合作的连贯性，经济链条非常稳健，资金流动更有效率。所以，银行主导型的金融结构能够维持经济稳定增长的思维深入人心，甚至有学者认为，当时的日本经济在未来会超过美国，就是由于日本具有银行主导型的金融结构①。

Greenwood 和 Smith（1997）、Levine 和 Zervos（1998）、Beck，Demirguc－Kunt 和 Levine（2009）、Davis（2012）等人则认为金融市场主导论更加有效。主要理由包括：所谓银行主导型金融结构就是银行成为主要的融资渠道，其对企业影响力更大，影响面更广，对企业发展具有控制的作用，但是难以应对高风险项目的情况。相比较而言，金融市场能提供更多、更高级的风险管理工具和产品，其分散风险的能力更强。金融市场通过信息披露机制，依靠金融产品的价格来反映企业的信息，这种防止信息不对称的方法更加有效。美国的金融市场发展迅速，其金融工具和金融科技在全球最为发达，某种程度上印证并支撑了金融市场主导论的观点。世界银行的学者认为发展中国家应该扩大证券股票等金融产品的发行规模，努力构建更为完善的金融市场，提高金融系统的运行效率。与此同时，有一些学者（Harris，1997，Tadesse，2002，Culi 和 Xu，2011，Kpodar 和 Singh，2011）不认同金融市场主导论的观点。他们指出处于不同发展阶段的国家中，银行和金融市场所发挥的作用是不相同的。落后的

---

① Porter M. Changing the Way America Invests in Industry？［J］. Journal of Applied Corporate Finance，1992（52）：4－16.

国家使用银行主导型的金融结构，能够有效地监督借款行为，降低资金链断裂的风险，可以提高融资效率，更有利于经济的腾飞。当经济发展到比较高的阶段时，应当利用金融市场来有效地分担风险，发挥金融市场的风险分散机制，才能进一步促进经济增长。

早在戈德史密斯时代已经使用了实证研究的方法，后来的学者将精力更多地放在了实证研究上，尤其是比较不同经济体之间的金融结构的差异。Lucía Cuadro－Sáez 和 García－Herrero（2008）通过构建均衡金融结构指标，使用 1991—2001 年 143 个国家的面板数据进行实证分析，他认为金融结构的均衡程度对经济发展至关重要，金融中介与金融市场之间是互补的关系，而不是替代关系，两者要保持在一个适当的平衡程度上，才能够促进经济平稳增长。Demirguc－Kunt、Feyen 和 Levine（2012）使用了 72 个国家 1980—2008 年期间的数据进行实证检验，结果表明不同的国家金融结构和其最优金融结构之间存在着缺口，缺口越大经济发展就会呈现降低的趋势，反之，经济发展就会呈现增长的趋势。

也有学者认为金融结构与经济增长之间是没有关系的，只有金融体系自身的发展健全才是重要的，所以不存在对应于经济增长的最优金融结构。Scharler（2007）认为金融市场和金融中介两者都有重要的意义，金融中介系统因为具有规模效应，能够更好地克服信息不对称的问题。但是在货币政策传导方面，金融市场的流动性要远远高于金融中介体系。

2. 金融功能论

金融结构在不同的国家不同的地区有着很大的差异，主要是由于经济发展、文化背景以及风俗习惯的不同。如果只从金融结构的角度衡量金融的发展程度，是远远不够的。如果能够从历史和文化的方面综合评价，就能更加全面地解释金融发展的程度。

其观点就是这样产生的。金融功能论的观点是从现代信用经济的发展情况出发的。早期学者的研究对象是金融结构，由于信用经济尚在孕育之中，国与国之间的金融联系也不是很紧密，所以差异性不大。但是随着经济的发展，发展中国家和发达国家的发展越来越趋于不平衡，金融结构的评价已经难以满足当前的现状。以美国为代表的金融大国的金融工具已经非常完善，而很多发展中国家仍然在金融抑制阶段苦苦摸索。所以，使用金融结构来衡量金融发展的程度就会有失偏颇。

Levine 的研究将金融的基本功能分为五类：风险管理、资源配置、促进公司治理、聚集储蓄以及便利交易。Levine 指出正常的商品市场是没有摩擦的，但是交易成本和信息成本的存在使得商品市场产生了摩擦，这就需要金融系统来熨平这些摩擦，使储蓄更有效率地转化为投资，将资源更有效地配置到合理的行业，最终通过资本投入和技术进步这两条途径来促进经济的增长。

莫顿和博迪（1995）将金融系统的功能划分为六个种类：1. 金融可以使经济资源在不同的时间、地区和行业之间有效地流动；2. 金融系统可以有效地进行管理风险；3. 金融系统可以使金融支付的途径增加，比如提供清算和结算支付；4. 金融系统为在不同的企业中分配所有权提供了管理的方案；5. 金融系统可以使用价格机制来协调不同经济单位的行为与决策；6. 当市场中的交易双方存在着信息不对称或者委托代理关系的时候，金融系统可以提供有效的解决方法。

3. 金融服务观和法律主导论

LLSV（1998）、Antzoulatos, Guney 和 Paudyal（2011）、Gainet（2012）等学者指出要完善金融系统需要一套法律体系相互配合，所以倡导法律体系主导论。一个国家具有什么样的金融结构是无关紧要的，因为金融系统的服务水平不能从银行主导或者金融市场主导里面体现出来。市场、中介与穿插在两者之中的契约，这些不同的金融工具都能够提供对应的金融服务，这些金融服务能够促进资本的流动，甚至可以加速技术创新，因此法律体系主导论认为应该更加关注一国的总体金融服务水平。应该着力完善金融体系的法律制度，以提高金融系统的服务水平为目标，因为经济的发展在于金融业的服务水平和相关法律提供的金融支持。

三、现代国内学者的观点

近年来国内学者对金融理论的关注越来越多，特别是看到欧美国家利用复杂的金融工具和先进的金融科技，使得经济快速发展并且剧烈波动，于是对金融发展理论产生了又爱又怕的心态。金融发展得好，可以拉动实体经济的发展，但是金融盲目地扩张，又可能造成金融危机。因此，学术界在研究国外金融发展的同时，对我国金融发展的研究日益增多。尤其是在当前十九大刚刚召开之后，对于金融自由化和国际化逐步实施，但是在金融监管的方面也不可忽视。要发挥金融合理配置资源的作用，充分地服务实体经济，对收入分配也能产生积极的影响。"十三五"期间，我国金融业具有重要使命，以普惠金融和互联网金融为核心，以金融创新为手段，以市场监管和政府监管为引导，要发挥各自职能，形成合力，完善供给侧改革的制度改革效应。我国的金融发展之路还很长，国内学者对金融发展的研究还很不足，其主要观点集中在以下的几个方面：

1. 金融发展与经济增长的关系

彭俞超（2015）对 46 个国家 1989－2011 年的面板数据进行了实证分析，他认为金融结构对经济增长的影响只有两种情况，如果金融结构没有达到最优金融结构时，金融结构对经济增长的影响是无关紧要的。如果金融结构达到了最优状态，那么金融结构对经济增长的影响就会突显出来。王欣（2015）基于多变量协整检验的方法对我国 1990－2011 年间直接融资与间接融资对经济增长的影响进行研究，结果显示在考察期内间接融资的显著效应主要是通过信贷比重的增长起作用的，而直接融资对经济增长有没有促进作用尚在争论之中。金融市场中利用股票融资的效率可能没有想象中那么高，金融资源在金融体系内循环没有起到支持实体经济的作用，这表明我国股票市场存在着资源错配的现象，是导致股票市场无法促进经济增长的原因。

2. 最优金融结构理论

林毅夫等（2009）首次提出最优金融结构理论，他结合了新结构经济学的理论，将一国的要素禀赋和比较优势考虑进去，金融制度要和国家的要素禀赋相匹配才能更好地实现拉动经济增长的功能。龚强等（2014）更加深入地考虑了金融制度与产业特征的结合，他认为金融中介和金融市场在不同的产业结构下发挥着不同的作用，并且证明了存在着最优的金融结构，即随着经济的发展，最优金融结构会从银行主导型过渡到金融市场主导型。季益锋（2014）考察了经济增速最快的 31 个经济体的 1985 到 2010 年的数据，并且对最优金融结构进行粗略的测度。然后再扩张到 104 个经济体进行对比，测算各自的最优金融结构并计算金融结构缺口，通过分位数回归的方法测算金融结构缺口绝对值对经济增长的影响。将影响经济增长的一些宏观经济变量和政策变量抛开，发现金融缺口绝对值的变动与经济增长率呈现了负相关关系。这就说明了一国的金融结构缺口越高，经济增长速度就越慢，偏离最优金融结构是会阻挠经济增长的。张成思等（2016）在前人的基础上考虑了金融监管的因素，使用一般均衡分析的框架找到了最优金融结构与社会福利之间的微观逻辑，进一步分析了最优金融结构的动态变化和对经济增长的影响。他认为只有对规模适中的企业进行监管，社会福利才能实现最大化，这时候就会存在最优金融结构与实体经济相匹配。在不同经济发展阶段，最优金融结构呈现指数化的动态演进趋势，并对经济增长率有决定性作用。他得出的结论是，最优金融结构并非是银行主导型或者是市场主导型，金融结构取决于一国实体经济的需求。他以股票市场资本形成总额、交易总额与银行信贷的比例作为金融结构的测度指标，采用 2004－2012 年间包括中国在内的96 个国家构成的面板数据分析了金融结构与经济增长的关系。结果显示，金融结构与经济增长具有正相关关系，而且关系非常显著。

　　纵观国内外学者对金融与经济问题的研究，他们主要从规范与实证的角度探讨，尽管他们在研究方法上存在一定差异，但其研究结论认为：金融已成为现代经济不可或缺的一部分，金融的发展会带来经济的繁荣。金融的发展分为两个方向，纵向的金融深化与横向金融结构的调整。金融深化促进经济增长的客观事实已经得到绝大部分文献的支持，而关于金融结构与经济增长的相互关系的争论仍在继续。金融服务观模糊了金融结构的界定，将重点放在金融体系整体的发展水平和提供的金融服务功能上。关于银行导向型与金融市场导向型的金融结构体系的孰优孰劣，由于各国国情存在巨大的差异，很难说明哪种体系对一个国家或地区更有效。不同的金融结构通过不同的途径为经济的发展发挥其融资的优势。

第三节　四川省金融发展与经济增长关系的实证分析

　　上一节梳理了金融发展与经济增长之间的国内外的文献，为了研究金融系统对经济发展的作用，学者提出了不同的理论观点，本节需要检验金融发展对经济增长的影响是否适合四川省目前的经济发展情况。因此这一节首先从实证的角度来检验四川省金融发展与经济增长之间的关系，探讨金融发展对经济增长是加速作用还是抑制作用。如果金融发展能够支持经济的长期增长，那么将进一步检验是哪一种金融结构更能够促进经济的增长。

一、金融发展对经济增长的效应分析

1. 指标的选取以及数据的来源

（1）指标的选择

经济增长的指标使用的是国民生产总值（GDP）。国民生产总值是一个经济存量的指标，从其数据上可以看出经济是持续增长的，利用这个存量指标能够反映出经济的体量，也能更真实地反映经济在水平效应的提高。

关于金融发展水平的衡量，Goldsmith（1969）提出了金融相关比率指标（FIR）。他的定义是，全部金融资产价值与全部实物资产（即国民财富）价值之比，通常将其简化为金融资产总量与 GDP 之比。金融相关比率的变动反映的是金融结构与经济基础结构之间在规模上的变化关系，可以视为金融发展的基本属性。另外，有的学者认为金融的作用体现在把储蓄转变成投资的能力，金融效率指标（FE）应运而生，即金融机构的贷款总额与存款总额之比。金融效率指标越高，表明储蓄转换成投资的比例越高，金融的促进作用就越显著，但是无法得知金融发展的作用是促进还是抑制经济增长。传统衡量一国金融发展规模常用麦氏指标，即 Mckinnon（1973）提出的用 M2 占 GDP 的比重这一指标。但是，这一指标对于衡量区域金融的发展受到局限。理论表明，金融中介对经济发展的作用体现在储蓄、投资以及储蓄转化成投资的能力上，所以本节使用金融规模发展指标（FD），即金融机构的存款和贷款总额之和，这个指标属于存量指标，能够较好地体现金融规模的发展水平。

（2）数据的处理

本节处理的是 2004 年第一季度到 2017 年第二季度的季度数据，数据来源于 Wind 数据库。由于 GDP 的季度数据含有严重的季节性趋势，使用 X12 方法消除其季节趋势的影响。金融发展指标使用的是 2004 年第一季度到 2017 年第二季度的四川省人民币存贷款余额之和，可以反映金融发展的规模。使用的是季度数据，即截止到每一季度之前所有存贷款之和的累计值存量余额。同时，为了消除数据间的异方差以及对不同单位的数据进行实证分析，借鉴 Fisher and Seater（1993）的数据处理，对所有变量指标取对数，分别表示为 LnFD、LnGDP。所有的数据处理以及实证检验过程均通过 Eviews 10.0。

2. 模型构建

（1）误差修正模型简介

不同的变量之间虽然具有各自的长期波动规律，但是如果它们是协整的，则它们之间存在着一个长期稳定的比例关系。在经典的回归分析中可以建立差分模型来分析变量之间的短期关系，见下式。差分的形式可以消除变量之间的共同变化趋势，使变量转变为平稳序列，在进行回归分析。

$$\Delta Y_t = \alpha_0 + \alpha_1 \Delta X_t + \mu_t$$

但是这种方法会忽略变量之间存在的长期稳定的均衡关系，假如变量之间存在着长期的关系，这种长期关系也会影响变量之间的短期关系。尤其是经济变量大多存在着动态的变化，反映静态均衡的差分模型可能会与动态均衡经济假说不符。因此误差修正模型（Error Correction Model，ECM）应运而生，它的主要形式是由 Davidson、Hendry、Srba 和 Yeo 于 1978 年提出的 DHSY 模型。假设 X 与 Y 两变量的长期均衡关系具有（1，1）阶分布滞后形式：

$$Y_t = \beta_0 + \beta_1 X_t + \beta_2 X_{t-1} + \delta Y_{t-1} + \omega_t$$

该模型显示出第 t 期的 Y 值，不仅与 X 的变化有关，而且与 $t-1$ 期的 X 与 Y 的值有关。由于变量可能是不平稳的，适当变形为

$$Y_t = \beta_0 + \beta_1 X_t + (\beta_1 + \beta_2) X_{t-1} + (1-\delta) Y_{t-1} + \omega_t$$

整理得到：

$$\Delta Y_t = \beta_1 \Delta X_t - \lambda (Y_{t-1} - \alpha_0 - \alpha_1 \Delta X_{t-1}) + \omega_t$$

其中，$\lambda = 1 - \delta$，$\alpha_0 = \beta_0 / (1-\delta)$，$\alpha_1 = (\beta_1 + \beta_2)/(1-\delta)$。括号中的项就是第 $t-1$ 期的非均衡误差项，也称为 ECM 项。该模型表明 Y 的变化取决于 X 的变化以及前一时期的非均衡程度。因此 Y 的值已经对前一期的非均衡程度做出了修正，该式被称为一阶误差修正模型。

（2）误差修正模型的解释

更复杂的误差修正模型可以依照一阶误差修正模型类似建立，例如可以加入更多的滞后项，例如二阶滞后项模型：

$$\Delta Y_t = \delta_1 \Delta Y_{t-1} + \delta_2 \Delta X_t + \delta_3 \Delta X_{t-1} - \lambda (Y_{t-1} - \alpha_0 - \alpha_1 \Delta X_{t-1}) + v_t$$

或者建立多变量的误差修正模型。误差修正模型的优点是：一阶差分的使用可以消除变量存在的确定性趋势，避免伪回归的现象，还可以消除多重共线性。误差修正项的引入保证了变量水平值的信息没有被忽视，由于误差修正项的平稳性，可以使用经典的回归方法进行估计。

格兰杰表述定理（Granger representation theorem）[①] 的提出，即

$$\Delta Y_t = lagged(\Delta Y, \Delta X) - \lambda ecm_t + v_t$$

说明自变量和因变量的滞后项数可以是多个。只要满足等式

---

① 格兰杰表述定理由 Engle 与 Granger 于 1987 年提出，即如果变量 X 与变量 Y 是协整的，则它们之间的短期非均衡关系总能由一个误差修正模型表述。

的两边都是 I（0）的一阶单整的情形，就可以建立不同形式的误差修正模型。

3. 实证分析过程

（1）平稳性检验

由于多数宏观经济的时间序列数据是非平稳的，不平稳的时间序列进行分析难度较大。如果变量之间含有共同的变化趋势，很可能得到伪回归的估计结果。因此，为了满足协整模型的要求，需要对所选指标进行平稳性检验。本节使用 ADF 检验，分别对变量 $LnFD$、$\Delta LnFD$、$LnGDP$、$\Delta LnGDP$ 进行单位根检验，结果如表4-2所示：

表4-2 各变量的 ADF 检验结果

变量	ADF 检验值	检验类型 (C, T, P)	临界值 5%	临界值 10%	P 值	平稳性
LnFD	13.14727	(0, 0, 0)	−1.947119	−1.612867	1.0000	不平稳
△LnFD	−1.927584	(0, 0, 0)	−1.947248	−1.612797	0.0522 *	平稳
LnGDP	4.105434	(0, 0, 0)	−1.947119	−1.612867	1.0000	不平稳
△LnGDP	−4.763853	(0, 0, 0)	−1.947248	−1.612797	0.0000***	平稳

（2）协整检验

协整检验用于判断变量之间的长期均衡关系，首先对经济增长与金融发展之间的长期关系进行检验。经过一阶差分处理后，代表经济增长和金融发展的指标 $LnGDP$、$LnFD$ 为一阶平稳序列，可以用来做协整检验。常用的协整检验方法有两种，即基于回归残差序列单位根检验的 E—G 检验法与基于回归系数检验的 Johansen 检验法，后者更适用于多变量协整关系的检验。因此，在此采用适用于双变量协整检验的 E—G 两步法对 $LnGDP$、$LnFD$ 之间的协整关系进行检验。首先对变量做 OLS 回归，然后对回归结果的残差序列项进行平稳性检验，以此来判断变量之间是否存在长期协整关系，结果如表4-3所示：

表4-3　LnGDP 和 LnFD 的协整结果

检验步骤与变量	LnGDP 和 LnFD
第一步：最小二乘回归	
回归结果	LnGDP = 0.856415184055 * LnFD + 0.0491249435032 　　　　　(29.56251)　　　(0.158702) R-squared=0.943841
统计量检验	F-statistic=873.9418 Durbin-Watson =0.327395
第二步：残差项的平稳性检验	
检验形式（CTP） ADF 检验值 临界值1% P 值	(0，0，0) −8.743962 −2.609324 0.0000

从协整检验结果来看，在1%的显著水平下，回归残差项可以通过平稳性检验，表明经济增长指标与金融发展指标之间存在长期稳定关系，即金融规模的变化在长期可以影响国内生产总值的变化。

（3）构建误差修正模型

协整检验结果显示经济增长与金融发展之间存在长期协整关系，可以通过构建误差修正模型（ECM）进一步深入分析经济增长与金融发展之间的长期动态关系。构建 $LnGDP$、$LnFD$ 之间的误差修正模型，模型为：

$$\Delta Ln\,GDP_t = \beta_0 + \beta_1 \Delta Ln\,FD_t + \lambda\,ecm_{t-1} + \varepsilon_t$$

式中 ecm 是误差修正项。结果如表4-4所示：

表 4-4 误差修正模型的估计结果

检验步骤与变量	LnGDP 和 LnFD		
第一步：设立误差修正模型			
设立误差修正项 建立模型	ecm= LnGDP- 0.856415184055 * LnFD - 0.0491249435032 ΔLnGDP=c（1）+c（2）* ΔLnFD+ c（3）* ecm（-1）		
第二步：估计模型			
变量	系数	t 统计量	P 值
c	0.026081	1.647220	0.1058
ΔLnFD	0.572354	1.630910	0.1092
ecm（-1）	-0.430675	-8.430487	0.0000
回归结果 统计量检验	Δ（LnGDP）= 0.026080775521 + 0.572353704542 * Δ（LnFD）- 0.430675286763 * ecm（-1） R-squared=0.588597 LM（1）=0.261		

模型估计结果中发现，位移项和 $\Delta LnFD$ 的 P 值大于 0.1，这两个变量的 t 统计量不能通过 10% 的显著水平，方程的拟合优度也偏低，残差项存在自相关的可能，所以需要重新设立误差修正模型。李子奈、叶阿忠（2012）认为变量差分滞后项的选择，要依靠残差项序列是否存在自相关来判断。经过一系列的测试，新的误差修正模型有了如下变化：1. 由于位移项的系数几乎为零，所以去掉位移项。2. 因为残差存在自相关，引入各变量的滞后项进行测试，发现 $\Delta LnGDP$ 的 $t-1$ 期滞后项的 t 统计量非常显著，因此将这一项引入到模型中。引入 $\Delta LnFD$ 和 ecm 的多阶滞后项，残差依然存在自相关，所以其余变量不改变滞后阶数。3. 尝试引入残差的一阶滞后项 AR（1），导致估计结果中的拟合优度明显提高，信息准则指标也有了一定的改善。

将改变后的模型进行估计，结果显示各变量的 t 统计量在 5% 的显著性水平下显著，拟合优度达到了 90% 以上，其他指标也达到比较良好的拟合效果，估计结果见表4—5。

表4—5　误差修正模型Ⅱ的估计结果

误差修正项	$ecm=LnGDP-0.856415184055*$ $LnFD-0.0491249435032$		
误差修正模型Ⅱ	$\Delta LnGDP=a(1)*\Delta LnFD+a(2)*$ $\Delta LnGDP(-1)+a(3)*ecm(-1)$ $+a(4)*AR(1)$		
变量	系数	t统计量	P值
$\Delta LnFD$	0.515066	3.637020	0.0000
$\Delta LnGDP(-1)$	−0.115465	−2.098368	0.0413
$ecm(-1)$	−0.934890	−15.92819	0.0000
$AR(1)$	0.951476	25.03292	0.0000
回归结果	$\Delta(LnGDP)=0.515066*\Delta(LnFD)$ $-0.115465*\Delta LnGDP(-1)$ $-0.934890*ecm(-1)+0.951476AR(1)$		
统计量检验	R−squared=0.901308 D.W=1.396629		

　　总体来看，经济增长的短期变动可以分为三部分：一部分是短期金融发展的波动的影响，另一部分是上一期国内生产总值波动的影响，还有一部分是偏离长期均衡的影响。金融规模的短期波动对经济增长的波动影响约为0.5，说明金融规模的增加能够对国内生产总值产生很强的正向影响。一般来说，变量对数的差分近似等于该变量的变化率，所以可以将协整方程中$LnFD$前面的系数视为GDP关于FD的长期弹性，误差修正模型中$\Delta LnFD$前面的系数视为GDP关于FD的短期弹性。因此，可知经济增长关于金融发展的长期弹性为0.85，短期弹性为0.51。这说明无论在长期还是在短期金融规模的增加都具有促进经济增长的作用，但是在长期金融发展的作用比短期更强，说明金融发展的促进作用会随时间的变化逐渐上升。

　　在误差修正模型中，上一期国内生产总值波动的影响系数为−0.11，反映了经济增长对自身有一定的阻碍作用。误差修正项的系数的大小反映了对偏离长期均衡的调整力度。从系数估计值 -0.93 来看，当 $t-1$ 时刻国内生产总值大于其长期均衡值时，则修正误差项将以 0.93 的调整力度使得 $\Delta LnGDP$ 减少；当 $t-1$ 时刻国内生产总值小于其长期均衡值时，则修正误差项将以 0.93 的调整力度使得 $\Delta LnGDP$ 增大。体现了长期非均衡误差对 GDP 的控制力度是比较大的。

二、金融结构对经济增长的效应分析

1. 指标的选取以及数据的来源

（1）指标的选择

测量经济增长的指标是全要素生产率（Total Factor Productivity，TFP），它是体现经济增长水平的指标。在分析金融发展对经济增长的作用之后，为了验证哪一种金融结构能够带动经济增长，本节使用全要素生产率这个增长效应指标。全要素生产率来自一定形式的生产函数，根据罗默（2014）的表述一般形式为：

$$Y_t = A_t F(K_t, L_t)$$

其中，Y_t、K_t、L_t 分别是第 t 期的产出、资本存量、劳动投入数量，A_t 代表了知识和劳动效率，也有说就是全要素增长率，由于设定函数的形式是一次齐次的，所以只有全要素生产率随着时间不断增加，产出才能体现出增长的效应。经取对数和全微分后，得到如下形式：

$$\frac{\dot{A}}{A} = \frac{\dot{Y}}{Y} - \frac{F_k(K,L)\dot{K}}{F(K,L)} - \frac{F_L(K,L)\dot{L}}{F(K,L)}$$

其中 $\dot{A}/A$ 代表不能由要素投入数量变化所引起的产出的增长，即 TFP 增长率，它等于产出的增长减去资本和劳动力在产出中的贡献份额，也称之为索洛余量[1]。

关于金融结构水平的衡量，自从 Goldsmith（1969）提出了金融结构的概念，学者们纷纷对金融体系中的结构问题进行定量和定性的研究，林毅夫、孙希芳和姜烨（2009）、李建和贾玉革（2005）等将金融结构界定为"广义"和"狭义"两个层面，本节研究的是狭义的金融机构，即银行主导型和市场主导型两种金融结构的不同比例。银行系统代表了间接融资，而金融市场代表了直接融资，这两种融资方法哪一种对经济增长更能起到促进作用，是学术界比较有争议的问题。杨俊、李之民和周曦冉（2015）着眼于"狭义"的金融结构，使用非金融机构的融资结构来衡量金融结构。虽然度量金融结构的常用指标是股市交易总额与私人部门信贷规模的比值。考虑到四川地区金融数据缺失严重，本节借鉴了他们的做法，即用非金融机构的融资结构衡量四川省的金融结构。

（2）数据的处理

本节处理的是 2001 年到 2014 年的年度数据。由于 TFP 的计算方法有很多，主要有核算法和计量法。增长核算法是用要素收入占总产出的比例来定系数项，隐含了要素边际产出等于要素服务价格的假设。经济计量法是用产出增长率对资本增长率，劳动增长率做回归，估计得出系数项的值，隐含了系数项为常数的假设[2]。考虑到数据的易得性，本节使用的四川省 TFP 增长率的数据来源于刘建莉在 2016 年出版的《金融发展、金融控制与区域经济增长》一书的附录，她使用的方法为经济计量法，计算出来的四川和重庆的 TFP 增长率，本节使用该数据作为四川省

---

① 李宾，曾志雄. 中国全要素生产率变动的再测算：1978—2007 年［J］. 数量经济技术经济研究，2009（3），3–15.

② 李宾，曾志雄. 中国全要素生产率变动的再测算：1978—2007 年［J］. 数量经济技术经济研究，2009（3），3–15.

TFP 增长率的衡量指标。

　　本节的金融结构指标使用了两个，分别是四川省非金融机构的贷款融资比例和股票融资比例。贷款比例表示企业的间接融资程度，股票比例代表企业的直接融资程度，以这两个指标来反映金融结构的不同比例。由于企业债券融资比例很小，其规模可以忽略，故本节不考虑企业债券的比例。该数据来源于 wind 数据库，但是缺少 2013 年的数据，因此使用 catmull－rom spline 插值法填入缺失值。下文用 TFP、DELT 和 STOCK 分别表示全要素生产率的增长率、贷款融资比例和股票融资比例，所有的数据处理以及实证检验过程均使用 Eviews 10.0 软件。

　　2. 模型构建

　　（1）向量自回归模型简介

　　20 世纪 70 年代，以卢卡斯、萨金特、西姆斯等人为代表对经典计量经济学进行了批判，导致计量经济学由经济理论导向转向数据关系导向。西姆斯等人将向量自回归模型（Vector Auto－Regression，VAR）引入宏观经济分析中，使之成为现代时间序列分析的主要模型之一。向量自回归模型是一种非结构化的模型，它主要通过实际经济数据而非经济理论来确定经济系统的动态结构，建模时无需提出理论假设，通过时间序列提供的信息将假设区分出来[①]。

　　向量自回归模型通常用于多变量时间序列系统的预测和描述随机扰动项对变量系统的动态影响，一般形式的 VAR（p）模型如下[②]：

$$Y_t = A_1 Y_{t-1} + \cdots + A_p X_{t-p} + B_1 X_t + \cdots + B_r X_{t-r} + \varepsilon_t$$

---

　　① 李子奈，叶阿忠. 高级应用计量经济学［J］. 北京：清华大学出版社，2012.

　　② 易丹辉. 数据分析与 Eviews 应用（第二版）［M］. 北京：中国人民大学出版社. 2014 年 7 月.

其中，X_{t-p} 是 m 维内生变量向量，X_{t-r} 是 d 维外生变量；A_p 和 B_r 是待估计的参数矩阵，内生变量和外生变量分别有 p 和 r 阶滞后期，ε_t 是随机扰动项，同期之间可以相关，但是不可以自相关，不能与模型变量相关。VAR 模型要求序列是平稳的，所以应该先检验序列的平稳性。

（2）向量误差修正模型简介

在协整的概念提出后，可以将协整向量引入到 VAR 模型中，扩展成为向量误差修正模型（Vector Error Correction Model，VECM），是包含协整约束条件的 VAR 模型，多应用于具有协整关系的一阶单整非平稳时间序列建模，用于描述经济变量序列之间的长期表现和短期特征。

将 VAR 模型进行变形，可将其改写为：

$$\Delta Y_t = \sum_{i=1}^{p-1} \Gamma_i \Delta Y_{t-i} + \Psi Y_{t-1} + B X_t + \varepsilon_t$$

式中，$\Psi = \sum_{i=1}^{p-1} A_i - I_m$，$\Gamma_i = -\sum_{j=i+1}^{p} A_j$。而且每个方程的误差项 ε_t（$t=1，2，\cdots，k$）都具有平稳性。由于差分后的变量中各序列都是平稳的，只有构成 ΨY_{t-1} 的各变量都是 $I(0)$ 时，才能保证新息是平稳过程。此时存在两个矩阵 α 和 β，使得 $\Psi = \alpha \beta'$。矩阵 α 是调整参数矩阵，它的每一行是出现在第 i 个方程中的 r 个协整组合的一组权重。矩阵 β 是协整向量矩阵，它的每一行决定了向量 Y_{t-i} 中各变量之间协整向量的数目与形式，r 为协整向量的数目。因此误差修正项是 $\beta' Y_{t-1}$，记为 $vecm_{t-1}$，可以将模型整理得到误差修正模型形式如下：

$$\Delta Y_t = \sum_{i=1}^{p-1} \Gamma_i \Delta Y_{t-i} + \alpha \times vecm_{t-1} + \varepsilon_t$$

式子中每一个方程都是一个误差修正模型。误差修正项的含义在上文已经解释，不再赘述。

（3）实证步骤

实证步骤主要包括：（1）确定时间序列数据的平稳性，使用 ADF 检验对变量和变量的差分项进行检验。（2）确定滞后阶数，使用 5 种评价指标研判出最合理的阶数。（3）构建 VAR 模型，估计得到参数值，分析模型的拟合优度和整体效果。（4）利用单位圆检验来分析 VAR 模型整体的平稳性。（5）进行格兰杰因果关系检验，分析变量之间是否存在相互预测的关系，利用检验结果判定 Cholesky 方法的变量排序。（6）利用脉冲响应函数来研究变量之间动态关系。（7）使用方差分解的方法进一步研究 VAR 模型内部的动态关系，分析各变量的新息对因变量波动的贡献。（8）对三个变量总体进行协整检验，使用 Johansen 检验分析变量之间是否存在协整关系以及协整关系的个数。（9）如果存在协整关系，则利用协整系数构建 VEC 模型，并且检验 VEC 模型的正确性和整体效果。（10）利用 VEC 模型和协整方程，分析变量之间的长期均衡和短期特征。

3. 实证分析过程

（1）序列平稳性检验

由于多数宏观经济的时间序列数据是非平稳的，不平稳的时间序列无法进行分析，又由于 VAR 系统要求序列是平稳序列，至少是一阶单整序列。因此，为了满足模型的要求，需要对所选指标进行平稳性检验。本节使用 ADF 检验，分别对变量 TFP、DELT、STOCK 进行单位根检验，结果如表 4-6 所示：

表 4-6 各变量的 ADF 检验结果

变量	ADF 检验值	检验类型 (C, T, P)	临界值 1%	临界值 5%	P 值	平稳性
TFP	-0.848052	$(0, 0, 0)$	-2.754993	-1.970978	0.3293	不平稳
$\triangle$TFP	-4.185482	$(c, 0, 0)$	-4.121990	-3.144920	0.0090***	平稳
DELT	-0.642322	$(0, 0, 0)$	-2.754993	-1.970978	0.4194	不平稳

111

变量	ADF 检验值	检验类型 (C, T, P)	临界值 1%	临界值 5%	P值	平稳性
△DELT	−3.771837	(0, 0, 0)	−2.771926	−1.974028	0.0013***	平稳
STOCK	−2.664319	(0, 0, 0)	−2.754993	−1.970978	0.0121**	平稳
△STOCK	−4.754703	(c, 0, 0)	−4.121990	−3.144920	0.0036***	平稳

结果表明，TFP 和 DELT 都是一阶单整序列，而 STOCK、△STOCK 都是平稳序列。三个变量的一阶差分都是平稳序列，因此可以使用 TFP、DELT 和 STOCK 进行 VAR 的建模。

（2）滞后阶数的确定

本节使用最为常用的 LR 检验统计量，最终预测误差，AIC 信息准则，SC 信息准则和 HQ 信息准则，以带有 * 标记的多少选择滞后阶数。经过检验可以看出滞后 2 阶的检验效果是比较理想的，结果如表 4−7 所示：

表 4−7　滞后阶数的判断结果

Lag	LogL	LR	FPE	AIC	SC	HQ
0	37.03258	NA	6.91e−07	−5.672097	−5.550871	−5.716980
1	52.57275	20.72022	2.51e−07	−6.762125	−6.277218	−6.941655
2	78.47029	21.58128*	2.30e−08*	−9.578381*	−8.729794*	−9.892558*

注：* 表示相应准则选择的阶数。

（3）VAR 模型的参数估计

以 TFP、DELT、STOCK 为内生变量，建立 VAR 模型，如下所示。

$$Y_t = \Phi_1 Y_{t-1} + \Phi_2 Y_{t-2} + \varepsilon_t$$

其中，$Y_t = \begin{bmatrix} TFP \\ DELT \\ STOCK \end{bmatrix}_t$，$\Phi_1$，$\Phi_2$ 是待估计的系数矩阵，ε_t 是白噪声序列向量，得到 VAR 模型的参数估计值，估计结果如表

4-8所示。

表4-8 VAR模型参数估计值

变量	TFP	DELT	STOCK
TFP1 (-1)	-0.512150	-0.050277	-0.002664
	(0.34989)	(0.03014)	(0.03339)
	[-1.46376]	[-1.66827]	[-0.07978]
TFP1 (-2)	-0.776691	-0.040331	-0.043868
	(0.36988)	(0.03186)	(0.03530)
	[-2.09985]	[-1.26593]	[-1.24278]
DELT2 (-1)	-6.353055	1.123440	-0.631895
	(3.93865)	(0.33925)	(0.37587)
	[-1.61300]	[3.31152]	[-1.68115]
DELT2 (-2)	15.12589	-0.143835	0.822808
	(5.67239)	(0.48859)	(0.54132)
	[2.66658]	[-0.29439]	[1.52000]
STOCK2 (-1)	8.847270	0.742876	0.343627
	(4.83667)	(0.41660)	(0.46157)
	[1.82921]	[1.78318]	[0.74448]
STOCK2 (-2)	8.472060	-0.257136	0.503599
	(5.31134)	(0.45749)	(0.50687)
	[1.59509]	[-0.56206]	[0.99355]
C	-6.026868	0.095678	-0.120994
	(2.32272)	(0.20007)	(0.22166)
	[-2.59474]	[0.47823]	[-0.54586]

注：模型参数结果包括三个部分：参数估计值，估计系数标准差（系数估计值下面的圆括号内）以及t检验统计量值（系数估计值下面的方括号内）。

由于参数估计值是否显著并不是 VAR 模型最为关注的，建立 VAR 模型可以保留所有变量，写成矩阵形式为：

$$\begin{bmatrix} TFP \\ DELT \\ STOCK \end{bmatrix}_t = \begin{bmatrix} -0.512 & -6.353 & 8.847 \\ -0.050 & 1.123 & 0.742 \\ -0.002 & -0.631 & 0.343 \end{bmatrix} \begin{bmatrix} TFP \\ DELT \\ STOCK \end{bmatrix}_{t-1}$$

$$+ \begin{bmatrix} -0.776 & 15.125 & 8.472 \\ -0.040 & -0.143 & -0.257 \\ -0.043 & 0.822 & 0.503 \end{bmatrix} \begin{bmatrix} TFP \\ DELT \\ STOCK \end{bmatrix}_{t-2}$$

$$+ \begin{bmatrix} -6.026 \\ 0.095 \\ -0.120 \end{bmatrix} + \varepsilon_t$$

三个回归方程的可决系数分别是 0.73、0.93 和 0.48，其 AIC 与 SC 信息量分别为 -9.578381、-8.729794，模型整体拟合效果较好。

（4）单位圆检验

平稳性检验在模型估计前已经分别对每一个序列进行了单位根检验，接下来，对模型系统的稳定性进行检测。结果如表 4-9 和图 4-2 所示，所有的单位根都小于 1，并且分布在单位圆内，即 VAR 模型是稳定的。

表 4-9　VAR 模型平稳性检验结果

Root	Modulus
$0.859697 - 0.407198i$	0.951257
$0.859697 + 0.407198i$	0.951257
$-0.379245 - 0.736859i$	0.828727
$-0.379245 + 0.736859i$	0.828727
-0.240901	0.240901
0.234914	0.234914

114

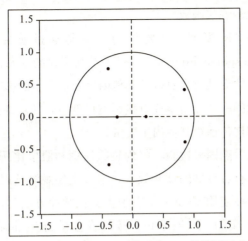

图 4-2 VAR 模型平稳性检验结果（单位圆形式）

（5）格兰杰因果关系检验

如表 4-10 所示，从格兰杰因果关系检验结果中可以看出，在 1% 的显著性水平下，贷款比例与 TFP 增长率呈现单向因果关系。在 10% 的显著性水平下，股票比例与 TFP 增长率呈现单向因果关系。贷款比例与股票比例均为 TFP 增长率的格兰杰原因，而 TFP 增长率既不是贷款比例的格兰杰原因，也不是股票比例的格兰杰原因。同时，可以看出金融结构中贷款比例及股票比例两者之间也不存在格兰杰因果关系。

表 4-10 格兰杰因果关系检验结果

原假设	F 统计值	P 值	结论
DELT 不是 TFP 的 Granger 原因	10.93867	0.0042	拒绝
STOCK 不是 TFP 的 Granger 原因	4.993653	0.0823	拒绝
TFP 不是 DELT 的 Granger 原因	3.416771	0.1812	接受
STOCK 不是 DELT 的 Granger 原因	3.992705	0.1358	接受
TFP 不是 STOCK 的 Granger 原因	1.642623	0.4399	接受
DELT 不是 STOCK 的 Granger 原因	2.826772	0.2433	接受

（6）脉冲响应函数

建立 VAR 模型，主要目的之一是通过脉冲响应函数（Impulse Response Function，IRF）分析系统的动态特征，即每个内生变量的变动对自身以及其他内生变量产生的影响。因为每个内生变量的一个冲击不仅直接影响该变量，还会通过 VAR 模型的动态结构传递给其他内生变量。

根据格兰杰因果检验，因为贷款比例和股票比例对 TFP 增长率在长期有着良好的预测效果，本节主要观测 TFP 增长率的脉冲响应。在使用 Cholesky 因子正交化脉冲方法时，选择变量之间是有次序的。一般来说，按照变量的外生性强弱进行排序①。因此第一个变量是 TFP，经济增长是本节研究的重点。第二个变量为 DELT，由于在格兰杰因果关系检验中贷款比例的 F 统计量更加显著。因此决定排列顺序依次为 TFP、DELT、STOCK。脉冲响应结果如表 4−11 和图 4−3 所示。

表 4−11　TFP 对 TFP、DELT 和 STOCK 的脉冲响应结果

时期	TFP	DELT	STOCK
1	0.334638	0.000000	0.000000
	(0.06831)	(0.00000)	(0.00000)
2	0.087323	−0.184534	0.236235
	(0.15131)	(0.11228)	(0.13786)
3	−0.207343	0.014836	0.060387
	(0.16240)	(0.10602)	(0.16739)
4	−0.111303	−0.013055	0.127960
	(0.16059)	(0.10514)	(0.16604)

---

① 李子奈，叶阿忠. 高级应用计量经济学 ［J］. 北京：清华大学出版社，2012.

时期	TFP	DELT	STOCK
5	−0.183769	−0.062856	0.140845
	(0.19275)	(0.10047)	(0.14361)
6	−0.304520	0.060555	−0.010114
	(0.23735)	(0.10778)	(0.15537)
7	−0.164335	0.063172	−0.029134
	(0.26369)	(0.12845)	(0.19837)
8	−0.092242	0.020033	−0.034463
	(0.27193)	(0.12988)	(0.22273)
9	−0.077672	0.070241	−0.117538
	(0.29516)	(0.14139)	(0.24146)
10	0.059860	0.055324	−0.111125
	(0.32449)	(0.12839)	(0.23032)

TFP 对 TFP 一个标准差新息的响应

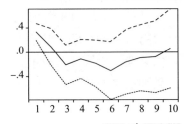

TFP 对 DELT 一个标准差新息的响应

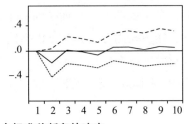

TFP 对 STOCK 一个标准差新息的响应

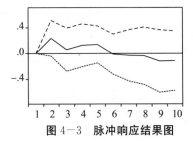

图4−3 脉冲响应结果图

117

实线表示随着预测期数的增加，TFP 增长率对于 TFP 增长率、贷款比例、股票比例的一个标准差新息的脉冲响应，虚线表示在脉冲响应图像两侧加减两个标准差的置信带。

分析可知，TFP 增长率对其自身的一个标准差新息立刻有了较强的反应，但是影响的时间不长，到了第二期就回到了原来的水平，然后反应为负向，直到第九期回到了原来水平。TFP 增长率对来自贷款（DELT）的影响（第二期）比较明显，是负方向的，直到第六期之后为正向；股票（STOCK）一个标准差新息对 TFP 增长率影响开始就为正向，持续期较长，第六期之后开始回落，之后为负向。因此，本节得到以下结论，贷款所代表的间接融资对经济增长具有长期的促进作用，而股票所代表的直接融资对经济增长仅具有短期的促进作用，在长期中这种促进作用消失，甚至会转化为阻碍作用。

（7）方差分解

利用 VAR 模型可以进行方差分解研究模型的动态特征，把系统中的每个内生变量的波动按其成因分解为与各方程新息相关的几个组成部分，从而了解各新息对模型内生变量的相对重要性。接下来用方差分解分析不同的金融结构冲击对 TFP 增长率的贡献度，在使用 Cholesky 方法时，仍然选择变量排列顺序为 TFP、DELT、STOCK，方差分解结果如表 4－12 和图 4－4 所示。

表 4－12　TFP 增长率进行方差分解的输出结果

时期	预测标准误	TFP	DELT	STOCK
1	0.334638	100.0000	0.000000	0.000000
2	0.457676	57.10096	16.25676	26.64228
3	0.506286	63.43462	13.37080	23.19458
4	0.534095	61.34358	12.07441	26.58201

续表

时期	预测标准误	TFP	DELT	STOCK
5	0.585506	60.89498	11.19957	27.90545
6	0.662811	68.62690	9.574122	21.79898
7	0.686414	69.72024	9.774005	20.50576
8	0.693730	70.02538	9.652318	20.32231
9	0.711367	67.78828	10.15460	22.05712
10	0.724594	66.01857	10.37023	23.61120

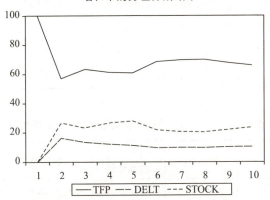

图 4-4　TFP 增长率进行方差分解的输出结果（结合图）

后三列均为百分数，分别代表以 TFP、DELT 和 STOCK 为因变量的方程新息对各期预测误差的贡献度，显然每行结果相加是 100。由于 VAR 模型中方程顺序设定不同，第一步预测误差全部来自 TFP 自身，从第 3 期开始，方差分解结果基本稳定，来自 DELT 的新息的影响占 TFP 预测误差的 10% 左右，STOCK 的新息对于 TFP 更加重要，其对预测误差的贡献度达到 23%。分析可知，以股票为代表的直接融资对 TFP 增长率的贡献更高，接近于间接融资的贡献的两倍之多。

（8）协整检验

由上述分析可知，TFP、DELT 是非平稳的一阶单整序列，STOCK 是平稳序列。本节采用 Johansen 协整检验判断这三个变量之间是否存在协整关系，进而用协整方程说明变量之间的存在的长期均衡关系。由于使用最佳滞后阶数 2 后，得到了奇异矩阵，无法进行检验，又试验滞后阶数 3，结果显示无足够样本数量，因此将滞后阶数改为 1，Johansen 检验结果如表 4−13 和表 4−14 所示。

表 4−13　Johansen **协整检验结果（迹检验）**

协整数	特征值	迹统计量	5%临界值	P 值
None ＊	0.990779	63.88449	29.79707	0.0000
At most 1	0.352746	7.649038	15.49471	0.5037
At most 2	0.183235	2.428841	3.841466	0.1191

表 4−14　Johansen **协整检验结果（最大特征根检验）**

协整数	特征值	最大特征根统计量	5%临界值	P 值
None ＊	0.990779	56.23545	21.13162	0.0000
At most 1	0.352746	5.220196	14.26460	0.7139
At most 2	0.183235	2.428841	3.841466	0.1191

可以看出，迹检验和最大特征根检验结果表明 TFP、DELT、STOCK 之间在 1%显著性水平下拒绝了无协整关系，接受了至少存在一个协整关系，又因为存在至少两个协整关系的 p 值很小，因此可以认为有且仅有一个协整关系，在表 4−15 中给出了经过标准化的协整系数的估计值，估计值下面的括号内是渐进标准误。

表 4-15 **Johansen 协整系数估计值**

TFP	DELT	STOCK
1.000000	−2.554540	−6.628718
	(0.14375)	(0.36757)

（9）构建向量误差修正模型

由上述分析可知，TFP、DELT、STOCK 存在一个协整关系，可以构建向量误差修正模型，即在 VAR 模型的基础上，施加了一个协整约束条件，与上文采用的误差修正模型类似，可以描述经济变量序列之间的长期表现和短期特征。根据 Johansen 检验结果，使用一个协整关系进行估计，建立 VEC 模型如下：

$$\Delta Y_t = \Phi_1 \Delta Y_{t-1} + \Phi_2 v\,ecm_{t-1} + C + \varepsilon_t$$

其中，$Y_t = \begin{bmatrix} TFP \\ DELT \\ STOCK \end{bmatrix}_t$，$v\,ecm_{t-1}$ 是第 t−1 期的误差修正项向量，Φ_1, Φ_2 是待估计的系数矩阵，C 是截距项向量，ε_t 是白噪声序列向量。带有 Δ 符号的项表示将这个向量的各分量进行差分运算。

Eviews 软件可以分析序列无趋势、存在线性趋势、二次型趋势等多种情况，由于线性趋势分析的广泛性和简便性，本节假设序列有线性趋势，又由于模型中存在很多未被考虑的影响变量，因此假设存在截距项。估计结果如表 4-16 和表 4-17 所示。

表 4-16 **VEC 模型参数估计值**

变量	D（TFP）	D（DELT）	D（STOCK）
	0.887676	0.028576	0.062786
D（TFP（−1））	(0.34717)	(0.03042)	(0.03253)
	[2.55690]	[0.93936]	[1.93013]

续表

变量	D（TFP）	D（DELT）	D（STOCK）
D（DELT（−1））	−12.36901	−0.061690	−0.988495
	(4.47808)	(0.39239)	(0.41959)
	[−2.76212]	[−0.15722]	[−2.35586]
D（STOCK（−1））	−6.999924	0.177438	−0.812903
	(3.69542)	(0.32381)	(0.34626)
	[−1.89422]	[0.54798]	[−2.34770]
误差修正向量	−2.385226	−0.079125	−0.072324
	(0.55305)	(0.04846)	(0.05182)
	[−4.31286]	[−1.63278]	[−1.39568]
C	−0.197717	−0.015850	−0.013917
	(0.11666)	(0.01022)	(0.01093)
	[−1.69483]	[−1.55053]	[−1.27319]

表4—17　误差修正向量估计值

变量	估计系数
TFP（−1）	1.000000
DELT（−1）	−2.554540
	(0.14375)
	[−17.7712]
STOCK（−1）	−6.628718
	(0.36757)
	[−18.0337]
C	1.345752

注：与 VAR 模型相同，参数结果包括三个部分：参数估计值，估计系数标准差（系数估计值下面的圆括号内）以及 t 检验统计量值（系数估计值下面的方括号内）。

将估计结果写成矩阵形式如下：

$$\Delta Y_t = \begin{bmatrix} 0.887 & -12.369 & -6.999 \\ 0.028 & -0.061 & 0.177 \\ 0.062 & -0.988 & -0.812 \end{bmatrix} \Delta Y_{t-1}$$

$$+ \begin{bmatrix} -2.385 \\ -0.079 \\ -0.072 \end{bmatrix} v\,ecm_{t-1} + \begin{bmatrix} -0.197 \\ -0.015 \\ -0.013 \end{bmatrix} + \varepsilon_t$$

三个回归方程的可决系数分别是 0.749、0.424 和 0.483，其 AIC 与 SC 信息量分别为 -9.44 和 -8.713，都较小，模型整体拟合效果较好。另外，模型给出了误差修正向量，反映了三个时间序列变量之间的某种长期均衡关系，是 VEC 模型中最核心的部分。

$$v\,ecm_{t-1} = \begin{bmatrix} 1.000 \\ -2.554 \\ -6.628 \end{bmatrix} Y_{t-1} + 1.345$$

整理得到：$TFP_{t-1} = 2.554 \times DELT_{t-1} + 6.628 \times STOCK_{t-1} - 1.345$

对误差修正向量 vecm 做平稳性检验，以证明协整关系的正确性，本节使用三种形式的 ADF 检验以及期限为 10 期的序列相关性检验，估计结果如表 4—18 和图 4—5 所示。

表 4—18 vecm 的 ADF 检验结果

检验类型（C，T，P）	ADF 统计量	临界值 1%	P 值	平稳性
(c，t，0)	-3.090535	-4.886426	0.1485	不平稳
(c，0，0)	-3.564813	-4.057910	0.0234**	平稳
(0，0，0)	-3.729018	-2.754993	0.0013***	平稳

自相关	偏自相关		自相关	偏自相关	Q值	伴随概率
		1	0.097	0.097	0.1616	0.688
		2	−0.030	−0.040	0.1787	0.915
		3	−0.277	−0.273	1.7370	0.629
		4	−0.135	−0.092	2.1445	0.709
		5	0.038	0.048	2.1806	0.824
		6	0.178	0.105	3.0676	0.800
		7	0.074	−0.005	3.2451	0.861
		8	0.017	0.024	3.2555	0.917
		9	−0.395	−0.355	10.235	0.332
		10	0.216	−0.155	12.841	0.233

图4−5 vecm 的序列相关性结果

从 vecm 的 ADF 三种检验形式中可以看出，在有截距项和趋势项同时存在的情况下，该序列是不平稳的，其余两种形式中（无趋势项有截距项、无趋势项无截距项），该序列分别在 5％和 1％显著性水平下是平稳的。另外观测 vecm 的序列相关性分析图，自相关系数和偏自相关系数都落入了随机区间，可认为该序列是随机的。继续观察每一期的 Q 统计值的伴随概率，表明该序列互相独立的概率很大，不能拒绝序列相互独立的原假设，也表明该序列为平稳序列。从而验证了 VEC 模型中协整关系是正确的。

（10）VEC 模型的结果分析

从 VEC 模型中可以看出，等式左边的差分项受到两方面的影响，一部分是上一期的各变量自身的影响，另一部分是偏离长期均衡状态的影响。第一个方程的误差修正项系数为−2.385，符合反向修正逻辑，说明当 TFP 增长率的短期波动偏离长期均衡状态的时候，将以−2.385 的力度将短期偏离状态纠正回长期均衡状态，这个力度是比较大的。

由长期均衡关系式可以看出，DELT 对 TFP 的影响呈正向关系，STOCK 对 TFP 的影响也呈现正向关系。这说明无论是以贷款为代表的间接融资，还是以股票为代表的直接融资，对全要素生产率的增长率都有着促进的作用。对比而言，STOCK 前面的系数远远大于 DELT 前面的系数，这说明在四川省的经济环境下，直接融资比间接融资更能促进经济增长。

三、结论

本节实证分析了金融发展与经济增长的关系，同时研究了金融结构对经济增长的促进作用，通过建立误差修正模型、VAR 模型以及 VEC 模型，得到了以下结论：

1. 金融发展对经济增长具有促进作用，这种正向关系比较显著。首先误差修正模型中的误差项系数为 0.85，说明在长期，金融发展程度增加 1% 会使得经济增长 0.85%。金融发展的长期弹性（0.85）大于短期弹性（0.51），说明金融发展的促进作用不是暂时的，是功在当代利在千秋。虽然在短期的增长效果一般，但长期会逐渐体现出巨大的促进作用。其次，四川省不均衡不充分的经济状态对经济增长有滞后作用，前一期的经济增长对当期的经济增长有着负相关的关系，仅仅依靠金融发展对经济的带动作用是远远不够的，供给侧改革的实施是关键的应对手段。最后，从非均衡误差项来看，它对经济的长期均衡调整系数为 0.93，这个作用是比较大的，即对偏离长期均衡的程度以 93% 的力度做出调整，使其很快能回归长期均衡状态。

2. 从金融结构的角度出发来探讨哪种金融结构对经济增长的促进作用更大，经过实证分析得出了以下结论。

（1）VAR 模型得出的结论是贷款融资和股票融资各有利弊。从脉冲响应图上看，贷款融资对经济增长的促进作用持续的时间比较长，而股票融资持续的时间短；但是从方差分解图上看，贷款融资对经济增长的促进作用比较小，而股票融资的作用大。从VEC 模型上的系数来看，股票融资的促进作用相当于贷款融资作用的两倍以上。

（2）通过对 VEC 模型结果的分析，可以清楚地认识到，直接融资（股票融资）比间接融资（贷款融资）更能促进经济增长，四川省未来应该投入更大的力度在股票市场上，间接融资由于其长期持续的促进作用也不可忽略。与此同时，对金融市场应该建立更加完善的风险控制制度和法律体系，将系统性风险防患于未然，使直接融资和间接融资更有效率地进行。

第五章　四川省金融发展的收入分配效应

经过四十年的改革开放，我国经济取得了卓越成果，国内经济一直以来都能保持较高的增长速度，2015 年以后，我国经济发展开始进入了新常态，经济增长的核心指标 GDP 依然能够保持 6％以上快速增长。经过这么多年的发展，我国人民的生活水平得到很大的进步，人均收入获得大幅提高，人们的生活也变得越来越好。

然而应该看到，在我国经济建设不断取得辉煌成就，居民整体收入水平不断提高的同时，我国居民间的收入差距也在不断地拉大。基尼系数是经济学中用于衡量一国贫富差距状况的常用指标，依据国家统计局公布的数据结果显示，我国居民收入的基尼系数已由改革开放初期的 0.288（1981 年），逐渐上升到 2009 年的历史最高值 0.491，到 2015 年依然保持在 0.462 的水平上。就目前的水平来看，我国的基尼系数已经接近拉丁美洲的平均水平，早已超越了日本和印度等周边国家的同期水平。

大量的经济学理论研究和实证检验证明，居民收入差距对经济增长会产生负向影响。由于居民间收入差距的扩大使社会财富集中于小部分人手中，而与低收入人群相比，高收入人群的边际消费倾向往往较低。当财富开始慢慢积聚在少数人手中，社会消费水平就很难得到进一步提升。我国宏观经济在步入新常态之后，传统"三驾马车"中的投资需求与出口需求对经济增长的拉动作用逐渐减弱。在经济增长方式亟待转型的大背景下，刺激消费、扩大内需和寻找新的经济增长动力点，已经成为当前政府制定宏观调控政策所面对的主要问题。作为经济增长的三驾马车之一的消费，将会发挥至关重要的作用，而当前居民收入差距的扩大将会导致消费需求不足，从而影响我国经济的可持续增长。

更重要的是，较大的收入差距造成的社会资源分配不均更可能激化社会矛盾的爆发。从国际经验来看，一般把 0.4 的基尼系数视为贫富差距的危机线，当超过这一危机线时可能会引发社会动荡。我国向来以社会稳定作为发展的大前提，居民安居乐业、社会稳定和谐是一切国家工作的大前提，缩小贫富差距、化解居民矛盾已经成为我国面临的重要问题。

与国内相对应，经济全球化已成为时代的主题，金融一直被称作是现代市场经济的核心内容，对国民经济发展的各个领域都起着举足轻重的作用。根据以往学者关于"金融发展对国民经济增长起到促进作用""经济增长影响收入差距"的相关经济学理论，我们已经可以简单推断金融发展必然会引起经济发展，从而影响居民的可支配收入。除此之外，学术研究认为金融发展还可以通过门槛效应、人力资本效应等多种渠道来影响收入分配，将对一国或是一地区的收入分配产生深刻影响。金融发展对收入差距的影响已经引起越来越多学者的重视，关于此问题的更深入研究势在必行。当前关于金融发展可能会对收入分配产生的影响有三种观点：一是金融发展将扩大收入差距，二是金融发展将缩小收入差距，三是金融发展与收入差距呈现扩大后缩小的倒 U 型关系。存在这三种不同观点的原因主要在于研究的对象不同或选择的指标存在差异等。

四川省一直以来是西部地区的经济强省，也是典型的农业大省。改革开放以来，四川省凭借其区位的优势，宜人的气候条件以及不断引进人才的积累，使得四川省经济的发展取得了长足的进步，城镇与乡村居民的人均收入都相应得到了显著的提高。城镇居民的人均可支配收入由 1978 年的 338 元涨到了 2013 年的 22367.6 元，比改革开放之初增长了近 65 倍。农村人口的人均纯收入由 1978 年的 127.1 元，达到了 2013 年的 7895.3 元，增长了近 61 倍。[①]

虽然从绝对量的角度来看人民的收入的增长量是显著的，然而从收入差距来看，可以看出居民贫富收入之间的差距也在不断扩大，这一问题也越来越成为省内外各界关注的焦点。在我国目前明显存在着城乡二元的经济格局，居民收入差距主要体现在城乡收入差距上。按照国内研究通用做法，以"城镇居民人均可支配收入/农村人均纯收入"作为衡量城乡收入差距的指标，四川省城乡收入差距在 1978 年为 2.66，到 2013 年已经达到 2.83。关于如何处理好包含城乡收入差距在内的日益严峻的收入分配问题，已经变成四川省目前经济工作的重点目标之一。

戈德史密斯《金融结构与金融发展》一书的出版标志着人们正式开始对金融发展领域展开研究。随后，对金融发展进行研究的经济学家越来越多。麦金农提出金融抑制与金融深化理论之后，经济增长受金融发展的影响逐步取得学术界的一致共识，但是关于金融发展是如何影响收入差距尚处于争议阶段。在这一研究领域，最著名的两位学者是 Greenwood 和 Jovanovi（1990），他们关于金融发展与收入分配的研究具有较强的代表性和经典意义，通过一系列的研究发现金融发展、经济增长和收入分配之间存在着非线性关系。在经济发展的所有过程中，金融发展都会起到资源配置的作用，推动经济总量的增加，最终会使低收入者的财富水平得到提升。Clarke et al（2006）研究发现金融发展同收入分配不均之间有着明显的负相关的非线性关系，即金融发展水

---

① 数据来源国家统计局。

平越高，其收入分配的不均情况就越低。Beck et al（2007）通过一系列的研究得出以下结论，金融中介的发展与收入分配之间存在着紧密的联系，越是金融中介发达的国家越能够增加低收入者的收入，帮助该国家减少贫困人口。Glamet&Segot（2011）借助 SVAR 模型对金融市场与收入分配之间的关系进行了分析，他们建立了一套指标用于构建衡量货币市场以及资本市场规模、效率等发展程度的实证研究。他们分析得出货币市场相对于资本市场对收入分配的影响更加显著，而且影响二者关系的重要因素是金融市场结构，而金融市场规模的影响相对较小。从研究得出的结论来看，很多专家发现金融的长期发展会在一定程度上减少收入差距的扩大，并且在经济发展不发达的国家和地区这种现象更加显著。Batuo，Guidi&Mlambo（2010）运用 22 个非洲国家 1990—2004 年间的数据进行研究后发现，贫富差距会因为金融部门发展而得到减少，但在这些国家中金融发展和收入分配之间的倒 U 型关系并不成立。

可以看出，在以往学者对收入差距影响因素的研究中，金融发展如何影响收入差距还一直存在着广泛争议。但普遍一致的观点是，作为现代社会经济重要组成部分的金融，已经能够深刻影响收入差距。如前文提到，改革开放以来四川省金融无论是从规模、从效率、从结构上都得到了长足发展，而收入差距也一直保持较高的水平。本书是建立在前人的研究基础上，就四川省金融发展对居民收入差距的影响渠道展开理论分析，对影响实际效果等问题进行实证研究，以期在理论上论述省内金融发展如何影响收入差距，并运用经验数据进行实证检验，继而提出对策建议以应对下一阶段四川省促进金融发展、缩小收入差距的挑战。

第一节　四川省收入分配与收入差距现状

一、四川省居民收入总体状况

四川省地处西南地区，经济发展水平尚处于欠发达阶段，虽然在国家西部大开发战略下，四川省经济发展得到飞速提升，但与东部沿海省份乃至全国平均水平相比，居民收入还处于较低的水平。按照研究惯例，刻画居民收入情况的重要指标是人均可支配收入，以人均可支配收入为对象，可较好观察四川省居民收入的总体情况。

表 5-1　全国和四川省居民人均可支配收入情况（单位：亿元）

	2013	2014	2015
全国居民人均可支配收入	18310.8	20167.1	21966.2
四川省居民人均可支配收入	14231.0	15749.0	17221.0

注：数据来源国家统计局。

表 5-1 显示了近 3 年来全国居民人均可支配收入和四川省居民的人均可支配收入情况。由表中数据可以得出，在我国经济进入了新常态的情况下，全国和省内的居民的人均可支配收入都处在一个持续上升的阶段，并且可以看出四川省的上升幅度更大。而相对于全国居民的平均收入水平，四川省居民的人均收入明显偏低。以 2015 年数据为例，全国居民的人均可支配收入为 21966.2 元，与同期四川省居民的平均收入相比，全国居民的平均收入高出四川省约 4745.2 元。这也从侧面印证了由于区域位置和历史原因等，西南地区经济发展和居民生活水平较之东中部地区仍有较大的差距。

人均可支配收入作为衡量人们生活水平的重要指标，但这并不是唯一的衡量指标。除了人均可支配收入外，我们还可以使用考察居民生活水平的其他指标，比如恩格尔系数。恩格尔系数指食物支出金额在居民消费总支出金额中所占的比例，食物支出金额的比例越高，则表示人们需要用收入的大部分去满足基本的生活需求，表明人们的生活水平越低。

表5-2　全国和四川省城镇居民和农村居民恩格尔系数情况（单位：％）

年份	全国城镇居民	全国农村居民	四川省城镇居民	四川省农村居民
2005	36.70	45.50	39.32	54.70
2006	35.80	43.00	37.72	50.80
2007	36.30	43.10	41.19	52.30
2008	37.90	43.70	43.96	52.00
2009	36.50	41.00	40.45	42.00
2010	35.70	41.10	39.50	48.27
2011	36.30	40.40	40.68	46.24
2012	36.23	39.33	40.40	46.85
2013	35.00	37.70	39.60	43.50

注：数据来源于WIND数据库。

表5-2显示了全国和四川省城镇居民的恩格尔系数和农村居民的恩格尔系数，如2013年全国城镇居民恩格尔系数为35.00，表示全国层面城镇居民平均有35％的收入用作日常食品消费。当前，联合国在恩格尔系数上的评价标准是：当恩格尔系数大于59时为绝对贫穷，温饱水平为50-59，小康水平为40-49，富裕水平为20-40，极度富裕为20以下。根据此标准来看，四川省城镇居民的生活水平目前已完成从小康阶段向富裕阶段的过渡，而农村居民的生活水平已完成从温饱阶段向小康阶段的过

渡。从全国层面来看，我国的城乡居民的生活水平均已完成从小康阶段向富裕阶段的过渡。

与全国层面相比较，2013 年四川省城镇和农村居民的恩格尔系数分别为 39.60 和 43.50，而全国层面城镇和农村居民的恩格尔系数分别为 35.00 和 37.70，显然四川省居民的恩格尔系数比全国平均水平高，说明在四川省的居民需要用更多的收入来满足基本生活支出，其生活水平比全国层面平均水平更低。这与通过人均可支配收入来直观刻画的居民生活水平的结论是一致的，显示了四川省在居民收入方面低于全国水平。

当然，恩格尔系数并不能准确地呈现全体居民的生活水平状况，这是由于收入分配的不平等和居民生活方式的不同，居民对食品的边际支出和最终需求也有差异。这意味着四川省居民在食品方面的支出较高并不一定反映其生活水平偏低。因此，在衡量四川省居民的生活水平时，用恩格尔系数具有一定的局限性。

二、四川省收入分配的地区性差距

四川省面积较广，各州市发展水平存在明显差异。经过多年的发展，成都作为四川省会，经济、政策、人才等资源都存在较明显的聚集现象，高新区、进出口口岸等区域性经济特区已经为成都市形成新的经济增长极。目前成都市已经逐渐已经成为西南重镇甚至经济中心，同时，绵阳、攀枝花是西南地区老牌工业基地，经济发展较快，工业基础较厚，产业已经基本成型。而除这几个州市外，其余州市明显处于经济较落后阶段，特别是甘孜、阿坝等边远少数民族地区则处于原始、落后的经济发展水平。居民收入水平依赖于经济发展水平，经济发展的不均衡必然导致居民收入水平在区域上不均衡。表 5-3 显示了近两年四川省各州市人均收入的基本情况。

表 5-3　四川省各州市城镇人均可支配收入情况（单位：元）

地区	2013 年	2014 年
成都市	29968	32665
自贡市	21489	23552
攀枝花市	24906	27322
泸州市	22821	25240
德阳市	24701	26998
绵阳市	23100	25341
广元市	18713	20547
遂宁市	20737	22790
内江市	21114	23162
乐山市	22661	24791
南充市	19206	21223
眉山市	21901	24135
宜宾市	22718	24990
广安市	22210	24475
达州市	18915	20939
雅安市	22254	24435
巴中市	18937	20887
资阳市	22867	25154
阿坝藏族羌族自治州	23115	25150
甘孜藏族自治州	21418	23303
凉山彝族自治州	21699	23609

注：数据来源于 WIND 数据库。

如表 5-3 所示，四川省全部州市城镇人均收入都保持了较高的增长速度，到 2014 年已经达到 2 万元以上。但依然可以看出，成都市作为四川省会，已经达到 3 万元以上，攀枝花、绵阳等老牌工业城市虽然领先于其他州市，但较成都还存在一定的差距。而达州、巴中等较边远落后州市人均收入才刚刚达到 2 万元。可见，省内州市区域性收入差距现象还较为明显，包含金融在内的各种经济资源更倾向于向成都周边聚集，这能够从另一方面刻画四川省收入差距现象。

三、四川省收入分配的部门性差距

收入分配不仅具有地区差异还有部门差异。按照我国发展的普遍现象，国有企业承担着控制国家经济命脉的重要任务，因此资金、政策资源倾向于向大型国有企业倾斜，其次是集体企业，最后是私营经济单位。各部门的发展规模和经营状况也最终会影响该部门员工的收入水平。表 5-4 反映了四川省各部门人均工资水平。

表 5-4 四川省各部门人均工资（单位：元）

年份	国有单位	城镇集体单位	私营经济单位	其他单位
2009	32，210.00	21，043.00	16，085.00	22，666.00
2010	36，729.00	23，411.00	18，316.00	27，081.00
2011	42，048.00	28，342.00	22，175.00	31，575.00
2012	47，721.00	33，409.00	25，912.00	35，749.00
2013	53，896.00	39，112.00	29，830.00	43，857.00
2014	57，018.00	43，707.00	32，671.00	49，435.00

注：数据来源于 WIND 数据库。

从表 5-4 所反映的部门收入来看，四川省各部门收入均呈现上升趋势，以国有单位为例，2009 年全省国有单位人均工资收入为 3.2 万元，到 2014 年上升为 5.7 万元。由于上述的各部门的发展规律，各部门之间工资性收入有显著差距。以 2014 年为例，国有单位人均工资为 5.7 万元，城镇集体单位人均工资为 4.4 万元，私营单位人均工资最低为 3.3 万元，其他单位为 4.9 万元。工资收入最高的是国有单位、集体单位等大型企业，而工资收入最低的是以中小型企业为代表的私营经济。说明四川省与全国形势相同，国有企业、集体企业更容易受到国家政策扶持，金融、资金、人才资源更容易得到倾斜，所以具有较好的经营状况，而私营企业特别是小微企业往往在人才、资金、金融上得不到足够的支持，生存环境较差，员工收入水平比较低。

四、四川省收入分配的城乡间差距

一直以来，我国存在城乡二元经济结构的影响，所以我国城乡一直发展不均衡。按照惯例，我国的居民收入差距常常被细分为城市居民之间的收入差距、农村居民之间的收入差距以及城乡居民之间的收入差距三部分。其中城乡居民之间的收入差距不断拉大，被社会各界普遍认为是我国贫富差距形式日益严峻的主要原因。城乡间经济发展的不均衡导致工资性收入差距扩大，是导致城乡居民收入差距的主要原因。如果再将城镇居民所享受的各种福利、津贴以及社会保障等隐性收入计算在内，同时把农民的再生产部分从纯收入中剔除，我国城乡居民收入差距的真实水平将更大。

城乡收入差距常常用"城镇居民人均可支配收入/农村居民人均纯收入"这个指标来刻画，表 5-5 反映了全国和四川省城乡收入差距情况。

表5-5　全国和四川省居民收入差距情况（单位：元）

年份	四川省城镇居民人均可支配收入	四川省农村居民人均纯收入	四川省城乡收入差距	全国城乡收入差距
2005	8385.96	2802.78	2.99	3.22
2006	9350.11	3002.38	3.11	3.28
2007	11098.28	3546.69	3.13	3.33
2008	12633.38	4121.21	3.07	3.31
2009	13839.40	4462.05	3.10	3.33
2010	15461.16	5086.89	3.04	3.23
2011	17899.12	6128.55	2.92	3.13
2012	20306.99	7001.43	2.90	3.10
2013	22367.63	7895.33	2.83	3.03

注：数据来源国家统计局。

如表5-5所示，在四川省内，不论是代表城镇居民收入的人均可支配收入，还是代表农村居民的人均纯收入，历年来都呈不断上涨的趋势，可以说省内居民的收入绝对值都处于上升阶段，居民生活水平也在不断提高，城镇居民人均可支配收入从2005年的8385.96元上涨到2013年的22367.63元，农村居民人均纯收入从2005年的2802.78元，上升到2013年的7895.33元，几乎都上涨近3倍左右。但从城乡收入差距来看，城镇居民收入最高在2007年达到农村居民收入的3.13倍，近几年有轻微的下降趋势，但是2013年依然是农村居民收入的2.83倍。值得肯定的是，从2005年到2013年，四川省城乡人均收入差距都略低于全国水平。

综上所述，我们可以看到，四川省地处西南欠发达地区，人均收入水平低于全国水平。同时，四川省存在明显的收入分配差距，在区域上成都市以及较发达州市的收入显著高于边远州市，在部门间国有企业和集体企业的工资明显高于其他单位，城乡之间也存在很大的收入差距。各类收入差距综合形成了四川省居民收入差距，是下一步经济发展所要解决的核心问题之一。

第二节　金融发展对收入分配的影响机理

金融一直是现代经济的核心，对经济发展有着很重要的作用，金融体系的建设和平稳运行、金融市场的价格波动等在很大程度上也影响着居民的收入。伴随着世界经济一体化进程以及各国金融系统的不断发展，任何金融因素的变化都将对地区、国家乃至于世界市场的价格和工资产生影响，进而作用于国民收入的总量与分配。通过几十年的研究积累，学术界已经达成普遍共识，即认为金融发展与收入分配之间存在着密切的关系。金融发展不仅意味着金融行业规模的增长，还意味着金融产品的丰富，金融深度的增加以及金融排斥现象的减少，总体来看，主要从以下四个渠道发挥对收入分配的影响作用。

一、金融发展对收入分配的门槛渠道

门槛效应是指在金融发展程度不高的情况下，不同的人群因是否能够支付金融服务成本、能够支付何种程度的金融服务成本，而享受有差异性的金融服务；或是因初始财富不同，而带来有差别的投资收益；或是因财富水平差距，能够提供的抵押物有所区别，进而直接决定其面临的信贷约束，这些都最终导致收入增长差异和差距扩大。

在我国，金融发展的门槛效应主要表现为低收入人群和中小企业在享受正规金融产品或金融服务的时候被边缘化现象严重，甚至大多数低收入人群和中小企业完全被正规金融系统排除在外。主要原因是我国金融结构存在高度垄断，即政府对银行在利

率管制和信贷配比上存在干预。

在个体居民面临的金融门槛方面，该领域的理论研究认为，在一个国家或地区经济发展的初期，由于经济和金融市场尚不发达，任何个体投资者都面临一定的门槛。居民之间无论在初始资本积累还是在收入水平上都存在较大差异，低收入人群因所拥有的初始财富积累无法达到可以享受金融服务的门槛要求，即不具备相当的资金来投资能带来高收益的金融产品，因而在长期处在收入分配的不利地位上，以至于进一步扩大了收入差距。

而在目前的实际情况下，我国居民之间的财富差距已经很大，低收入人群自身资本积累有限，最终无法享受金融服务带来的高收益回报；而富人由于存在初始资本积累上的优势，则可以轻松享受到这种高收益回报，从而总体上提高自身的收入，这便是我国典型的金融发展门槛效应，即不同财富水平的居民之间享受金融服务的差异很明显。相对于欧美发达国家我国的金融发展程度比较低，存在较低的存款利率和较高的贷款利率，服务的收费标准也比较高，金融可得性不强。个体居民一方面因自身的信誉和经济实力的不同，因支付金融服务成本和提供抵押物的能力不同，将获得差别很大的金融服务；另一方面由于个体知识能力差异和投资渠道差别，能够通过股票、期货等金融手段进行理财的机会也存在较大差异，因此形成了有差距的居民收入增长态势并扩大收入差距。

中小企业也面临较高的融资门槛。我国作为最大的发展中国家，金融市场仍然存在高度的垄断性，一般大型国有企业或一些关键经济部门更容易从国有银行中得到所需的金融服务。我国长久以来金融发展战略主要为国有大中型企业提供金融服务，而中小型企业普遍面临融资难、贷款难问题，中小型企业难以获得必要的金融服务。国有大型企业主要员工为高学历、高收入人群，而中小企业主要吸纳低收入人群，这样势必限制低收入居民的收入增长，从而扩大居民间的收入差距。从前文所述的四川省部门间收入差距来看，国有企业、集体企业工资收入明显高于私营企业，这与金融发展的门槛效应是吻合的。

二、金融发展对收入分配的非均衡渠道

金融发展的非均衡效应是指金融资源在不同地区、不同部门以及城乡之间无法达到均衡的配置，从而对地区与地区之间、部门与部门之间以及城乡之间的收入差距产生影响。在我国，突出表现为由于金融资源在城乡间和区域间无法达到均衡的配置，从而使得不同地区居民和城乡居民之间拥有不同的收入水平。

一方面，从城乡之间的金融非均衡发展情况来看，我国城市与乡村间金融发展情况明显不同，有着很大的差距。再从他们所处的金融环境的大背景来看，金融行业向来都是一个资金人才密集型的产业，也就是说金融业相对于其他行业来说对人才和资金的要求相对较高。因此，在区位、人才、资金有着明显优势的城市地区更容易产生金融集聚，城市普遍拥有相对发达的金融市场，金融产品也相对品质优良、品种繁多，城市的居民在购买金融产品、享受金融服务的时候具有明显的优势；而农村地区的金融市场相对落后，金融产品数量较少而价格较高，所以农村居民在购买金融产品、享受金融服务的时候会存在一定的限制。

同时，城镇金融机构能提供比农村金融机构丰富很多的金融服务，如保险、证券、信托等。而农村金融机构所能提供的服务主要集中于存贷款业务上。城市具有良好的信誉系统，城市居民可以凭借其良好的信誉和自身的经济情况来获得更多的金融贷款，而农村金融中介相对较少，信用体系并不完善，导致农村居民不能很好地享受金融服务带来较高的投资收益或是获得信贷支持，当前农村金融发展急需解决的问题之一就是贷款难的问题。由于以上种种城乡间金融市场的差异，导致居民收入差距被逐步

拉大。

从城乡企业所处的金融环境的大背景来看，在融资贷款方面城市企业与中小型乡镇企业存在着很大的不同。目前我国金融系统发展存在着明显的信贷门槛，金融机构更愿意向国有大中型企业提供更多的资金和优质的金融服务，这些大企业主要集中于大城市。大城市的金融资源十分的充裕，大企业可以获得充足的金融资源，金融服务所能提供的产品种类繁多，在得到企业经营发展所需的资金后，企业自身不断发展壮大，为城市居民提供了更多更好的就业机会，使得城市居民的收入不断提高；而农村金融机构相对较少，也没有充裕的资金，金融服务产品相对单一，融资难的问题一直困扰着乡镇中小型企业，无论是直接融资还是间接融资都存在着很高的金融服务门槛，长期下来这些中小型乡镇企业由于无法筹得企业发展壮大所必备的资金而逐渐衰败。

另一方面，从金融资源在区域间的配置不均衡来看，我国作为发展中国家，在经济转轨过程中经济和金融资源有限，必然产生经济、金融资源在不同区域间的不均衡配置，从而影响不同地区居民的收入增长并最终加剧收入差距问题。这种区域不均衡在我国突出表现为东中西部地区之间的资源分配差异：东部地区金融市场发展较为完善，金融资源整体偏向东部沿海地区，而中西部地区的金融市场相对落后，所以该地区所占金融资源较少，资金供给总量明显不足，金融服务产品也较为单一，金融机构提供的服务以存贷款为主，证券、保险、信托等业务很少，西部地区企业债券尚处于空白状态，金融资产主要是流通现金和存贷款，其他金融资产数量极少。我国区域间金融发展的不均衡严重制约了经济的发展，从而限制了落后地区居民收入水平的提高，最终拉大了区域间居民收入差距。

金融发展的不均衡效应最终将导致收入分配的不均衡，从前文所述的四川省收入分配的区域性差距和城乡差距来看，这一理论与四川省内的实际情况是吻合的。

三、金融发展对收入分配的经济增长渠道

金融发展对于经济增长的促进作用已经被学术界广泛认同，经济增长与收入差距之间也普遍认为存在倒 U 型关系，即在初期的经济发展过程中，收入的差距将会随着经济的发展逐步扩大，但是当经济发展到一定的程度之后，收入差距将会随着经济发展而逐步缩小。因此可以从理论上推断，金融发展是能够通过促进经济增长进而间接影响收入分配。

当前研究关于金融发展对经济增长影响渠道的解释是多种的，例如 Angeletos&Calvet（2006）认为随着金融的发展，金融工具可以让人们实现风险的分散，进而增加人们对于金融产品的投资总量，最终起到促进经济增长的作用。再如，De Gregorio（1996）认为，通过金融的发展可以使人力资本投资信贷越约束得到一定程度的缓解，最终会导致针对人力资本的投资扩大，这将会促使经济增长。Marcet et al（2007）指出，将劳动力假设成内生供给的，就算是金融发展导致全社会的物质资本总量下降，但是这将使全社会的劳动供给增加，所以，经济增长率水平和社会福利水平还是会随着金融的发展而得到提高。在他们的研究中，认为对于所投入的劳动力的产出效率带有不确定性，人们将会获得充足的保险，随着金融的发展，进而会提高劳动力的供给。Aghion et al（2005）认为，发展中国家的信贷约束可以通过金融的发展而得到缩小，进而可以引进西方发达国家的技术，并慢慢缩小与发达国家的差距。

而关于经济增长对收入分配的作用渠道也是多样的，经典理论如刘易斯二元经济理论认为，正是由于传统农业部门与现代工业部门之间存在收入差距，可以将农业部门的剩余劳动力转移到工业部门。工业部门生产总量远大于工资总量，资本家将高额的

利润再投资，扩大劳动需求量，从而加快劳动力转移，提高储蓄水平从而促进经济增长。库兹涅茨在1955年发表的《经济增长与收入不公平》文章中，根据经验和推测提出了著名的"库兹涅茨倒 U 型曲线"，用以刻画经济运行过程中经济增长与收入分配不平等程度之间动态变化关系。这条曲线说明，在初期的经济发展阶段，虽然国民具有较低的人均收入，但却是对应着较为公平的收入分配状况；当经济发展进入到不断增长的阶段，特别是从前工业文明向工业文明转变的时候，伴随着低人均收入水平上升到中等人均收入水平的是收入分配平等性的逐渐恶化；最终当一国经济增长到一定的程度之后达到充分发展阶段，各个劳动部门的劳动生产率也会慢慢缩小，进而使之前扩大的收入差距得到改善，收入的不平等开始降低直至趋于平等。用人均收入作为横轴，收入差距程度作为纵轴，这条曲线就呈现"倒 U"的形状。

四、金融发展对收入分配的工资性收入渠道

金融发展的工资性收入效应是指金融发展将增加低收入家庭的工资性收入。首先，经济发展能够影响贫困家庭的教育投资，从而提高居民收入水平。人力资本是工资性收入的决定因素，非熟练技能劳动力在传统部门就业，工资水平低，熟练技能劳动力在现代部门就业，工资水平高。由于人力资本的可积累性，非熟练劳动力可以通过投资人力资本成为熟练劳动力，从而提升工资收入。然而，人力资本投资需要资金，仅是那些继承足够多遗产或者有信贷支持的个体才拥有人力资本投资的机会。富裕而获得良好教育的个体收敛于高收入稳态，贫穷而获得较差教育的个体收敛于低收入稳态。而完善的金融发展通过放松信贷约束，增加穷人投资人力资本以从事熟练技能劳动力工作的机会，有利于缩小劳动收入差距。人们可以通过金融市场为教育进行融资。但由于在贫穷地区信贷市场的不完全性以及缺乏可用作担保的抵押物

品，低收入家庭就难以为子女进行教育融资，因而滞后了其人力资本的发展。

金融的人力资源积累作用在我国较为明显，我国当前虽然教育贷款尚未实现完全的市场化模式，但已经形成较为成熟的国家助学贷款，即教育部行政主管部门、高校和银行共同运作的专门协助贫困高校学生的银行贷款。在国家助学贷款的政策帮助下，借款学生只需要承诺按期还款，而不需要办理贷款担保或抵押，就能够基本获得用以支付学费和基本生活费用的资金。贫困学生通过向学校和银行申请贷款，用于贴补日常在校期间的各种费用的不足，待毕业工作后分期偿付。

至 2012 年，国家开发银行新近增加的助学贷款就已经突破了 120 亿元人民币①。至 2015 年 7 月，教育部等部门联合发布了《关于完善国家助学贷款政策的若干意见》。《意见》表示，为减轻学生的负担将贷款最长期限从 14 年延长至 20 年，还款的期限由原来的 2 年延长至 3 年，学生在读期间贷款利息由财政全额补贴。这些政策都显示我国正在逐步完善人力资本金融支持体系。

同时，随着金融发展带来的经济增长，企业数量和规模获得提高，社会上对于非熟练劳动力的需求也在不断扩大，这样导致工资报酬率的提升，以此来促进居民收入增加。虽然说金融的发展不一定能直接提升穷人的金融服务水平，但是可以为穷人提供更多的就业机会使他们的收入增加。借鉴美国的发展经验就可以发现，美国金融发展能够为非熟练工人提供更多的岗位和更高的工资，从而降低了收入不平等。

---

① 转引自新浪网：http：//www. edu-gov. cn/news/1054. html.

第三节　四川省金融发展对收入分配影响的基本现状

一、四川省金融服务体系存在较高门槛

当前四川省的金融体系还不完善，金融服务成本较高，低收入人群和中小企业取得金融服务还需要较高的成本。一个典型的事实就是四川省中小企业融资困难的问题。根据四川省银监局2015 年的调查报告显示[①]，四川省境内的中小企业生产经营存在的资金缺口较大，融资难的问题尚未得到很好解决：一是中小企业在生产经营资金上存在着比较大的缺口，通过企业调查资金缺口在 5000 万元以上的企业达到 8.06%，资金缺口在 1000－5000万元之间的企业达到24.2%，资金缺口在 500－1000 万元之间的企业达到 25.6%，资金缺口在 100－500 万元之间的企业达到30.8%，资金缺口在 100 万元以下的企业达到 11.4%，有超过一半的企业面临的资金缺口在 100 到 1000 万元之间。尤其在5.12 特大地震发生之后，更加剧了企业的资金缺口。有将近50%的受灾企业资金缺口在 1000 万元以上，这一比例超出了非受灾企业近 24.9 个百分点。

二是被调查企业融资需求难以得到实现，认为融资需求可以得到满足的企业仅有 2.93%，融资需求基本得到满足的企业的比例只有 38.5%，另有 39.6%的企业表示其融资需求仅有部分可以得到满足，仍有 19%的企业表示融资需求从未得到满足。其中，贷款金额和期限是中小企业的信贷需求未得到满足的主要

---

① 四川银监局课题组，王筠权，吕晶. 四川省中小企业融资状况调查报告[J]. 西南金融，2008，(11)：11-12.

原因。问卷调查还显示，贷款金额未得到满足的企业高达71.8%，贷款期限未得到满足的企业高达35.2%。

三是大部分企业表示难以获得持续的、稳定的长期贷款。问卷调查显示，在当前企业已获得的贷款中6个月以内的比重为2.6%、6－12个月的比重为49.1%，其中短期贷款总计占51.7%，然而当前中小企业已获贷款中1至3年中期贷款的比重为38.7%。

从该报告结论可以看出，四川省目前明显存在较高的金融门槛，集中表现为中小企业融资困难。由于金融门槛较高，低收入人群和中小企业难以取得高质量的金融服务，而高收入人群和大型企业能够获得较好的金融服务，最终将导致收入差距的扩大。

二、四川省金融发展存在较强的不均衡现象

本书的前文指出金融的城乡二元化和在区域间的分配不平衡是我国目前金融发展不平衡的主要体现。四川省作为西部大省，也具有典型的城乡二元经济结构和区域经济发展非均衡的特征。其总体金融资源有限，农村金融发展远远滞后于城市金融，边远市县的金融发展水平落后于省会城市和周边地区。

从四川省金融发展城乡间不均衡来看，自20世纪90年代以来，在商业银行改制的全国潮流下，省内国有银行进行市场化运作，大量撤并农村网点，导致金融资源在城乡间配置严重不均衡，农村资金不断外流。在这种背景下，金融资源流失导致城乡金融发展差距越来越大，必然使得城乡收入差距不断拉大。

表5-6　四川省农户存贷款情况表（单位：亿元）

年份	农户存款	城镇居民存款	农户存款比重	农户贷款比重
2010	3,089.60	10,561.22	22.63%	6.34%
2012	4,844.27	14,594.00	24.92%	8.00%

年份	农户存款	城镇居民存款	农户存款比重	农户贷款比重
2014	7,097.46	18,215.07	28.04％	10.10％

注：数据来源于 WIND 数据库

从表 5-6 可以看出，四川省在 2010 年、2012 年、2014 年 3 年内，农户存款占比大约在 22％-28％左右，但真正用于农户的农户贷款仅占 6.34％-10.10％左右，说明四川省农村地区存在严重的信贷资源外流现象，即农村存款未用于支持农村地区经济发展等领域，而流入城镇地区，这样的金融发展不均衡现象必然造成城乡间收入差距的扩大。

从四川省金融发展区域间不均衡来看，省会成都及周边地区的金融发达程度远远领先于甘孜、阿坝等边远地区，金融扩张更为迅速，金融资源比较充足，融资环境相对宽松，金融服务发达，经济效率更高，这种差异导致地区经济发展差距扩大，并通过劳动边际产出影响居民收入增长，从而导致地区间收入差距扩大。

表 5-7 四川省内各市州存贷款基本情况（单位：亿元）

地区	存款余额	贷款余额	贷存比
全 省	53282	34751	65.22％
成都市	26946	20915	77.62％
自贡市	1075	523	48.64％
攀枝花市	803	661	82.38％
泸州市	1612	921	57.13％
德阳市	1919	1106	57.65％
绵阳市	2622	1429	54.49％
广元市	1006	472	46.96％

地区	存款余额	贷款余额	贷存比
遂宁市	989	616	62.29%
内江市	1134	610	53.79%
乐山市	1709	1089	63.69%
南充市	2154	1041	48.33%
眉山市	1254	627	49.97%
宜宾市	1685	904	53.63%
广安市	1265	515	40.71%
达州市	1752	802	45.75%
雅安市	974	475	48.76%
巴中市	777	345	44.40%
资阳市	1246	644	51.73%
阿坝藏族羌族自治州	474	206	43.43%
甘孜藏族自治州	499	194	38.88%
凉山彝族自治州	1387	655	47.27%

注：数据来源于 WIND 数据库

表 5-7 显示了四川省各市州存贷款基本情况，从表中可以看出，成都市存款余额占全省存款余额的一半以上，贷款余额占全省贷款余额的 60%，远高于其他市州，偏远地区如甘孜、阿坝两州存款余额占比仅为 0.94% 和 0.89%；从贷存比所反映的金融发展效率来看，成都市贷存比为 77.62%，也是远高于其他市州，偏远地区如甘孜、阿坝两州贷存比仅为 38.88% 和 43.43%。无论是存贷款资源、金融机构、金融服务等都存在较大的区域差异，金融资源更多地集中于省会城市，边远地区存在严重的金融资源外流现象，因此导致全省范围内收入差距扩大。

三、四川省金融发展能够显著提高人力资本水平

通过四川省教育厅网站公布的消息，助学贷款已经成为精准扶贫的有效形式和确保贫困大学生顺利入学的主要措施。2015年，在四川省委、省政府的高度关注下，四川省在助学贷款事业上取得了辉煌的成就，并在金额及受益学生规模方面实现"双提高"，展现出良好的发展趋势。以国开行、省农信社、成都农商社生源地助学贷款为主，省农行校园地助学贷款为补充的"双轮驱动"助学贷款体系全面建立，为有需要的贫困学生提供了全面支持，各种国家助学贷款政策在四川省全面开展。该政策由政府主导，纵向到乡、横向到校。政府、金融机构、学校等各部门各自履行责任、全力配合的工作机制全面形成，强有力地促进助学贷款的快速提升。贷款网络实现县县通，全省 21 个市（州）、183 个县（市、区）全都展开助学贷款业务，有需求的学生可以在自己的家乡办理贷款。不仅如此，2015 年还增加了贷款金额并且提高了受益学生人数。全年共有 96835 名学生办理助学贷款，发放贷款 6.5 亿元，分别比 2014 年增加 28％和 47％，受益学生由 2010 年的 2.2％提高到了 8.2％，已逐步成为四川省群众受益面广、资金扶持力度大的惠民政策之一。这说明金融发展的大背景下，四川省能够通过助学贷款来影响居民的人力资本的提升，进而提高低收入人群的收入，最终缩小居民收入差距。

四、四川省金融发展有较强的促进经济发展的作用

本书第四章对四川省金融发展与经济增长的关系进行了详尽阐述。如前章所述，金融发展对经济增长的作用渠道可以分为两方面：第一，金融体系的发展通过资本积累推动经济增长，由于金融中介降低了市场摩擦，从而促进了国内储蓄，并吸引外资进入。在这一过程中加快了资本积累的进程；与此同时，金融市场

的完善会导致资本存量的利用率提高，促进了储蓄转换成为投资的效率。第二，金融中介对技术创新具有推动作用，功能完善的金融体系通过从资金盈余部门筹集储蓄用于投资、评估盈利投资项目、监督管理人员等，能够有效降低交易成本。另外，金融发展还通过影响储蓄率作用于经济增长，是通过对储蓄的配置影响经济增长。

实证分析也证明了这一观点，金融发展对经济增长具有巨大的促进作用，并且这种正向关系非常显著。金融发展的长期弹性（0.85）大于短期弹性（0.51），说明在短期金融发展的促进作用效果一般，但长期会逐渐体现出巨大的促进作用。四川省不均衡不充分的经济状态对经济增长有滞后作用，从非均衡误差项来看，它对经济的长期均衡调整系数是比较大的，使其很快能回归到长期均衡状态。不同的金融结构对经济增长的影响不同，虽然直接融资和间接融资对经济增长都有促进作用，但是作用强度不同，作用持续时间也不同。从长期来看，间接融资对经济增长的促进作用持续的时间比较长，而直接融资持续的时间短；但是间接融资对经济增长的促进作用比较小，而直接融资的作用大。从VEC模型上的系数来看，直接融资（股票）的促进作用相当于间接融资（贷款）作用的两倍以上。

此外，工资性收入效应更有利于低收入人群的收入增长，从而缩小收入差距；门槛效应和非均衡效应则主要有利于高收入人群的收入增长，从而扩大收入差距。经济增长效应所起的作用视经济发展水平和阶段而定，可能缩小收入差距，也可能扩大收入差距。金融发展对收入差距进行影响的四种渠道在四川省内均明显存在，而四种渠道相互作用的结果如何，需要通过实证研究来进一步论证。

第四节 四川省金融发展分配效应的实证研究

一、模型构建

本节采用面板 VAR 模型进行实证分析。面板 VAR 与传统 VAR 模型相同的是将模型系统内的变量全部视为内生变量，不同的是可以观测到不同地区之间的异质性。参照陆铭等（2005），姚耀军（2005）和许佩娟等（2012）等研究文献，我们建立回归模型如下：

$$Z_{i,t} = \Gamma_0 + \Gamma_1 Z_{i,t-1} + f_i + \varepsilon_t \tag{1}$$

$Z_{i,t}$ 是包含三变量的向量 $\{GAP_{i,t}, FD_{i,t}, FE_{i,t}\}$，其中 $GAP_{i,t}$ 为地区 i 在 t 期收入差距指标，$FD_{i,t}$、$FE_{i,t}$ 分别为在 t 期地区 i 的金融发展规模指标和金融发展效率指标。f_i 表示地区间的差异。

二、变量选取与数据说明

本章采用 2003—2014 年四川省 17 个地级市的面板数据对四川省金融发展与收入差距的关系进行实证分析，各变量的选取如下：

1. 金融发展规模（FD）。通常我们用麦氏指标衡量一国金融发展规模，即 Mckinnon（1973）提出的用 M_2 占 GDP 的比重这一指标。但是，这一指标受到众多学者的质疑。之后，Allen 等（2003）通过结构指数显示，我国资本市场的规模要远低于银行系统的规模，资本市场对于经济的影响力要比银行小得多，我国目前属于以银行为导向型的金融结构，所以使用银行存贷款总额这一指标来衡量我国的金融发展规模还是比较合理的。因此，本章采用 FD 指标来衡量四川省金融发展规模，即金融机构年末存贷款总额。

2. 金融发展效率（FE）。对于金融发展效率的衡量，国内学者没有一致的观点，可以归结为两点：一是采用私人部门贷款占总贷款的比重（张杰、尚长凤，2006）；二是采用贷款与存款的比值，衡量金融中介将储蓄转为贷款的能力（姚耀军，2005等）。本章借鉴第二种观点，采用贷款与存款之比来衡量金融发展效率（FE）。

3. 收入差距（GAP）。虽然基尼系数被公认为能够很好地反映收入分配情况，但由于我国统计部门并未编制地区基尼系数指标，因此国内绝大多数文献中都将城乡收入差距作为衡量收入差距的代替指标。虽然研究中有部分学者提出计算基尼系数的统计方法，但这些方法没有获得一致认可。考虑到我国独特的城乡二元经济结构，我国收入分配差距主要体现在城乡收入差距上，因此将四川省城乡收入差距作为四川省收入差距的衡量指标显得比较客观，计算也比较简单、直接。国内文献中较多使用城镇居民人均可支配收入与农村居民纯收入的比值作为衡量城乡收入差距的指标。本章将继续使用这一方法来测度该指标。

本章数据来源于 Wind 数据库。四川省一共有 21 个地级市，其中成都市为省会城市，金融发展程度明显高于其他地区，而甘孜、阿坝和凉山州为少数民族自治区，金融发展程度明显低于其他地区。为排除这四个特殊地区对实证结果的影响，本章不将这四个地区作为样本数据，因此总共考察了攀枝花、自贡等其余17 个地级市。

三、实证分析

本章的实证思路为：首先，建立面板 VAR 模型，并通过系统 GMM 方法对面板 VAR 模型进行参数估计；其次，建立脉冲响应函数和方差分解函数；再次，检验各变量之间的格兰杰因果关系；最后，对模型进行稳定性检验。

1. 描述性统计

表 5-8 为主要变量描述性统计结果，可以看出样本数据完整的平衡面板。

表 5-8　主要变量的描述性统计结果

变量	样本观测值	平均值	标准差	最小值	最大值
$GAP_{i,t}$	204	2.641	0.252	1.989	3.434
$FD_{i,t}$	204	1021.493	749.660	146.65	4020.22
$FE_{i,t}$	204	0.525	0.131	0.29	1.067

2. 模型估计

由于本章中样本时间区间为 2003 年-2014 年，面板数据时期 T 为 12，T 值较小且远小于面板横截面样本个数，所以在参数估计之前不需要进行平稳性检验。

通过 AIC 和 SC 准则以及经验法综合判断，模型的最佳滞后期为 2 期。因此，本章采用三变量二阶滞后的面板 VAR 模型来考察四川省在 2003 年-2014 年期间，金融发展与城乡收入差距之间的动态关系。面板 VAR 模型采用系统 GMM 的方法来进行参数估计。估计结果如下：

表 5-9　GMM 估计结果

变量	gap	fd	Fe
L. gap	0.582***	−64.469	−0.249
	(0.181)	(327.215)	(0.224)
L2. gap	−0.101	77.508	−0.118
	(0.078)	(150.973)	(0.106)
L. fd	−0.0002 *	1.422***	0.0002**
	(0.0001)	(0.196)	(0.00010)

变量	gap	fd	Fe
L2. fd	0.0002	−0.366	−0.0002 *
	(0.0001)	(0.227)	(0.0001)
L. fe	−1.070***	−936.756***	0.701***
	(0.218)	(356.889)	(0.238)
L2. fe	0.468***	−184.888	−0.164
	(0.155)	(206.413)	(0.128)
Observations	153	153	153

注：括号内为各统计量的标准差；＊＊＊、＊＊、＊分别表示在1％、5％和10％的水平下显著。

由表5-9可看出，模型的GMM估计结果整体较好，FD指标在滞后一期在10％的显著性水平下对GAP有影响，在滞后二期对GAP无显著影响。FE指标在滞后一期和滞后二期均在1％的显著性水平下对GAP有影响。说明选择面板VAR模型对该问题进行研究是合适的。

从影响的正负关系来看，估计结果显示变量FD和FE的系数均在滞后一期为负，即在短期对GAP的影响为负，这说明在2003年－2014年期间，金融发展规模和金融发展效率在短期均能够显著缩小城乡收入差距。从更长期来看，变量FD在滞后二期的影响不显著，而FE的系数在滞后二期为正，且分别与滞后一期的系数绝对值在数量级上基本相当，因此仅根据GMM估计结果并不能很好地判断金融发展规模和金融发展效率在长期对城乡收入差距的影响方向，需要借助脉冲响应函数进行检验。

3. 基于面板VAR的脉冲响应图

为进一步考察各变量与城乡收入差距的正负关系，可用脉冲响应函数来进行检验。脉冲响应图主要描述一个内生变量受到随机冲击后对另外一个内生变量产生的影响。

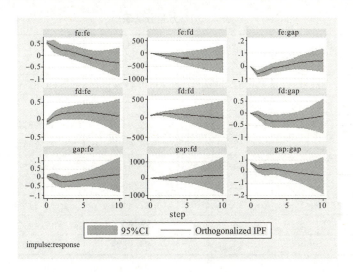

图 5-1 脉冲响应图

从图 5-1 可以看出，在 2003 年-2014 年期间，收入差距对金融发展规模的冲击开始表现出负向反应，且该反应强度最初呈上升趋势，在第二期反应强度开始下降，并大约从第五期开始表现出正向反应。总体来说，收入差距对金融发展规模的冲击开始表现出负向反应。

而收入差距对金融发展效率的冲击从第一期开始就表现出负向反应，且一直持续到第十期。

因此，结合 GMM 估计结果，可以看出金融发展规模和金融发展效率的提高在长期也有利于缩小收入差距。

4. 基于面板 VAR 的方差分解

方差分解主要描述一个内生变量对另外一个内生变量波动的贡献百分比，以下是方差分解结果。

表 5—10　方差分解表

Period	GAP	FD	FE
1	100.00%	0.00%	0.00%
2	64.69%	0.44%	34.87%
3	53.78%	6.02%	40.20%
4	51.10%	12.94%	35.96%
5	48.61%	18.63%	32.75%
6	45.60%	23.41%	31.00%
7	42.31%	26.49%	31.20%
8	39.25%	27.44%	33.31%
9	36.96%	26.60%	36.44%
10	35.56%	24.68%	39.76%

从表 5—10 可以看出，在 2003 年至 2014 年期间，我国金融发展规模和金融发展效率均对收入差距有重要影响。收入差距在第 1 期只受自身冲击影响。到第 2 期以后，金融发展规模对收入差距预测方差的贡献度呈现逐步上升的趋势，最后在第 10 期达到 25% 左右。与之不同的是，金融发展效率对收入差距的影响从第 2 期开始就达到 35% 左右，并且贡献程度一直到第 10 期都能够保持在 30% 以上。两者相比，金融发展效率对收入差距的影响更为重要。

5. 基于面板 VAR 的格兰杰因果检验

表 5—11　格兰杰因果检验结果

H0	chi2	Prob> chi2
FD 不是 GAP 的 Granger 原因	8.182	0.017
FE 不是 GAP 的 Granger 原因	24.450	0.000
GAP 不是 FD 的 Granger 原因	0.299	0.861
FE 不是 FD 的 Granger 原因	8.091	0.017

H0	chi2	Prob> chi2
GAP 不是 FE 的 Granger 原因	2.437	0.296
FD 不是 FE 的 Granger 原因	5.500	0.064

根据表 5-11 所显示的格兰杰因果关系检验，我们可以得到以下结论：2003-2014 年期间，金融发展规模在 5% 的显著性水平下是收入差距的单向格兰杰因果原因，金融发展效率在 1% 的显著性水平下是收入差距的单向格兰杰因果原因，这与参数估计、脉冲响应函数和方差分解结果是一致的。另外金融发展的规模和效率之间至少在 10% 的显著性水平下互为格兰杰因果关系。

四、基于面板 VAR 的模型稳定性检验

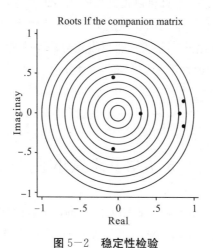

图 5-2　稳定性检验

图 5-2 显示，面板 VAR 模型的根均落在单位圆以内，因此可以看出面板 VAR 模型的稳定性条件得以满足，其估计结果是有效的。

五、结论

本节实证研究选择了收入差距、金融发展规模和金融发展效率三个变量，通过建立面板 VAR 模型对四川省 17 个地级市在 2003－2014 年间的面板数据进行了实证分析，并得出以下主要结论：四川省金融发展规模和金融发展效率的提高无论在短期还是在长期都能够显著缩小收入差距，较高的金融发展水平有助于降低城乡收入分配的不平等程度。

这一结论与国内部分研究存在明显不同，但支持了 Galor 和 Zeira 所提出的"金融发展能够与收入分配不平等长期保持负相关"的 G－Z 假说，即认为金融发展降低了居民获取金融服务的成本，提高了金融服务的可获得性，可以让不同收入的居民能够享受到金融服务，并且可以提高低收入者的收入，这样就可以增加就业和投资，减小收入差距。同时也与 Greenwood 和 Jovanovic 所提出的"金融发展与收入分配不平等呈倒 U 型的关系"的 G－J 假说并不矛盾，可能的情况是四川省金融发展已经跨过了倒 U 型的拐点并达到较高水平，正在发挥缩小收入差距的作用。

第五节　本章小节

四川是典型的农业大省和人口大省，随着西部大开发战略在四川省逐步发挥作用，全省经济发展取得了举国瞩目的快速增长。在从经济大省向经济强省迈进的过程中，如何有效地缩小居民收入差距，从而维护社会稳定，提振消费需求，实现经济结构转型，促进社会的和谐发展，是现阶段四川省经济亟须解决的首要问题。

本章在借鉴国内外研究成果的基础上，对四川省收入差距进行了现状描述，将四川省收入差距概括为城乡差距、区域差距和部门差距等三个方面。然后，对金融发展对收入差距的影响机制进行了理论分析，认为金融发展可以通过经济增长、门槛效应、非均衡效应和工资收入效应四个渠道来影响收入分配。同时，结合省内实际情况，阐述了各影响机制在四川省发挥作用的具体细节，认为这四个渠道在四川省内同时存在。在实证研究方面，通过使用2003年至2014年全省17个地级市的面板数据，构建了PVAR模型。实证结果表明了金融发展对城乡居民间收入差距具有显著缩小作用，其中相比于金融发展规模的扩大，金融发展效率的提高对于缩小收入差距的作用更强。

至此，本章说明了四川省金融发展具有明显的收入分配效应，且当前金融发展能够缩小收入分配差距。

本章的研究结论从金融发展的角度为解决四川省收入分配问题寻找一条新的突破口，具有明确的政策含义：

一方面，省内应明确金融发展对缩小收入差距的积极作用，将金融创新和普惠金融作为四川省缩小城乡收入差距的重要途径。通过本章的实证检验，四川省金融发展规模与收入差距呈反向变动关系，即收入差距会随着金融发展规模的扩大而缩小。究其原因，可能是随着四川省普惠金融、小微金融的发展，门槛效应和不均衡效应的作用也日趋减弱。同时，省内金融发展能够较好提供助学贷款等人力资本提升所需的信贷支持，同时经济发展已经处于能够缩小收入差距的倒U型拐点右侧，所以这两者的作用可以弥补金融发展存在的门槛效应和区域间不均衡效应。

同时应该看到，虽然本章研究的是金融发展对收入分配的影响，但实证部分使用的是城乡收入差距作为替代变量。根据实证结果，金融发展规模的收入差距缩小作用远小于金融发展效率，可能的原因在于农村存款外流的现象在四川省内还普遍存在。农村金融资源的外流进一步造成了农村金融资源的短缺，削弱了农村金融支持"三农"的力度，更深程度地导致了城乡金融发展的差距，从而进一步扩大了城乡收入差距。由于在现代经济中农业作为第一产业本来就是比较弱的，而且农民处于弱势群体，在市场经济条件下，农村金融资源会自然地由弱势部门流向回报率高的部门，商业银行等金融机构为了以较低的风险获得较高的收益，将从农村地区吸收的存款通过贷款等渠道流向了城市和大企业，最终没有运用到农村地区。所以，在四川省进一步发展市场经济的进程中，如果想阻止农村金融资源外流仅依靠市场化的手段是不够的，而应该更积极发挥政府的作用。四川省政府应在了解农村信贷情况的背景下制定相应的政策，通过对农村和农业加大信贷资源投放力度，加大对三农的资金支持力度；通过设计支农贷款利率补贴，降低所得税税率等，以此来对农村金融机构实行政策上的优惠和倾斜，引导商业银行、农村信用社等农村金融机构将资金投放到三农领域。在信贷指导方面，主要是加强相关部门监督和监控：监督农业贷款的使用，监控农信社对非农领域贷款的额度。

另一方面，我国商业银行 75％ 的贷存比要求已经放开，在未来这一比例可能会有一定幅度提高，因此应更加重视四川省对低收入人群、中小型企业和偏远、农村地区的贷款倾斜，鼓励银行等金融机构的企业利益与社会责任共担，使金融发展效率能对缩小收入差距发挥重要作用。通过前面的研究，我们发现金融发展效率的提高更有利于缩小城乡收入差距，同时，由于制度约束和环境障碍等原因，相比于沿海城市，四川省的金融发展效率不高。因此，我们应该探求提高金融发展效率的途径，并以此来缩小收入差距。特别是由于四川省城乡金融发展不均衡，农村金融市场相较城市金融市场还有很多需要改进的地方，农村居民由于法律意识薄弱，当然中小企业对于自身资金也缺乏有效的管理，在银行贷款方面更是缺少相应的担保，使得银行在为其提供贷款时需要承担更多的风险，所以金融机构更愿意把金融资源更多地分布在大城市和大企业。

　　要提高金融发展效率，发挥金融发展对收入差距的缩小作用，可以考虑以下几个方面：一是可以对中小企业进行帮助，多举办教育培训，增加这些企业的法律意识和财务知识技能。二是改善农村的信用环境，建立多层次的抵押担保机制，鼓励现有商业银行对农村抵押贷款进行担保，使乡镇企业在资金获取上得到更多的支持。三是促进金融机构将存款有效地转化为对境内企业的投资。在这方面政府应该发挥监督指导作用，鼓励银行进行放贷，同时金融机构间应该形成有效对竞争机制，对中小企业投资较高的银行进行补贴奖励。最后也是最为重要的一点是，城乡差距作为省内收入差距最典型的代表，既然金融发展效率的提高能缩小城乡收入差距，就应大力发展农村金融机构，只有农村金融机构逐渐成熟起来，才能有效控制农村资金的外流问题，更是解决将农村存款转化为农业投资最有效的方式。现阶段四川省农村金融发展缓慢，金融中介部门数量较少，功能比较单一，通过使金融中介服务不断完善，可以让金融机构与农民之间的了解相互加深，银行或农村信用社更了解农民的信用水平才能使双方的借贷交易得以顺利地进行。

第六章 四川省金融发展与中小企业发展的关系研究

当前学术界已有大量研究成果对区域内金融发展与经济增长之间的关系进行分析，中小企业作为区域内经济发展的重要组成部分与经济增长点，同样引起了学术界的重视。当前学术界对于金融发展与中小企业发展关系的研究大多基于中小企业发展过程中的融资难这一现象展开，重点研究如何健全金融体系来解决中小企业发展中的融资问题，为中小企业的发展提供金融支持。

在区域层面上，中小企业作为市场经济中最活跃的参与者，同时以中小企业为代表的实体经济也是对资金需求最为迫切的市场主体。中小企业的发展不仅在拉动地区经济增长与安置就业方面有着积极作用，而且中小企业的发展在优化资源配置的过程中也推动着区域内金融市场的完善，尤其是与中小企业密切联系的金融结构的优化。金融发展是一个全面且复杂的进程，金融结构的优化是金融发展的重要标志，金融作为优化资金市场资源配置的机制，在资金配置过程中会针对中小企业对资金的需求不断完善金融市场体系，进而满足资金市场的配置需求。也就是说，在理论上中小企业发展所引致的金融需求将会不断推动金融市场化进程，促进金融体系的完善，而金融市场成熟到一定程度之后也会促进中小企业的发展。而在我国金融市场化程度不足的背景下，四川省的金融结构仍以国有商业银行为主导，金融发展与中小企业的发展之间的关系有待进一步分析。

162

第一节　中小企业发展的理论分析

一、中小企业的内涵与界定

学术界很早就开始关注中小企业在经济发展中的作用以及中小企业发展过程中的融资问题，但是由于世界各国的经济结构、企业结构以及制度文化等因素的差异，目前学术界在对中小企业的研究中并没有形成统一划分标准以及清晰准确的定义。笼统地说，中小企业就是区别于大型企业，在同行业中生产经营规模较小的市场主体。对于中小企业的划分标准，世界各主要国家根据自身的经济发展情况、产业结构状况以及资源禀赋的差异制定各自的划分标准。美国将企业划分为大企业与小企业；英国与欧盟各主要国家将企业划分为大型、中型、小型与微型，其中，大型企业外的其他三种类型都属于小企业；日本和韩国的企业主要有大型企业、中型企业与小型企业，印度的中小企业包括小规模工业、辅助型工业、小规模服务与商业企业、微型企业等。对中小企业的划分缺乏统一的、清晰的标准与各国经济发展的实际情况有关，同时，中小企业自身的发展是一个复杂的动态过程，也很难用精确的标准来衡量。当前世界各国在区分中小企业的标准上主要有定性与定量两个标准，定性的划分主要体现在企业的经营方式与组织结构上，而定量划分则主要是从生产规模上进行。

1. 中小企业定性化论述

定性标准主要指的是质量界定标准，通过从质的层面对中小企业进行划分可以更准确地反映出中小企业的行业性质与企业特征，也可以更清晰地反馈出企业的组织形式与性质、产权的结构以及公司的治理信息等。1953年，美国就通过颁布《中小企业法》对中小企业质的层面进行规定："凡是独立所有和经营，并且在某一个事业领域不占支配地位的企业均属于中小企业"①。英国政府成立的博尔顿委员会在1971年发布的报告中指出:"凡是所有者依靠个人的判断进行独立经营（非大企业的一部分），并且市场占有率很低的企业均为中小企业"。而且在报告中提出了关于中小企业认定的三个"质"的特点:首先是中小企业在相关产品或服务市场占有的份额一般较小;其次是中小企业的独立经营性,中小企业不是大型母公司的一部分,不受任何大型企业控制;最后是中小企业没有任何定型的管理机构,管理工作由业主或部分业主本人亲自管理。

2. 中小企业的定量化划分

在中小企业的定量划分上,企业资产、从业人数以及企业销售额等指标是国际上通用的参照标准。而不同的国家在各个参考标准上根据自己的实际发展情况,结合中小企业的行业性质对不同行业的企业有相应的中小企业发展政策与划分规定。表6-1给出了当前部分主要国家或地区的划分标准。

表6-1　世界各主要国家或地区的中小企业界定标准

国家或地区	中小企业类型	企业资产	从业人数（人）	年营业额	依据
美国	1. 企业所有者也是经营者 2. 企业资本由一个或几个出资 3. 企业产品的销售范围主要在当地 4. 与同行业相比，规模小		≤500 或制造业：≤1000		美国经济发展委员会

---

① 凡禹. 企业基本功——中小企业经营模式与管理细节大全 [M]. 北京：企业管理出版社.

国家或地区	中小企业类型	企业资产	从业人数（人）	年营业额	依据
加拿大	中型企业 小型企业		制造业：＜101－499 其他行业：＜51－499 制造业：＜100 其他行业：＜50	＜500万加元 ＜500万－2000万加元	
英国	制造业 建筑业 零售业 批发业 服务业 运输业	拥有5辆汽车	＜200 ＜20	＜45万英镑 ＜170万英镑 ＜45万英镑	博尔顿委员会
中国香港	制造业 其他行业		＜100 ＜50		
澳大利亚	小型企业 中小企业		制造业：＜100 服务业：＜20 制造业：＜100－499 服务业：20－499		
日本	制造业 批发业 零售业 服务业	≤3亿日元 ≤1亿日元 ≤5千万日元 ≤5千万日元	≤300 ≤100 ≤50 ≤100	≤1亿日元 ≤3千万日元 ≤1千万日元	《中小企业基本法》（2000年）
韩国	制造运输业 建筑业 商业、服务业 批发业	≤5亿韩圆 ≤5亿韩圆 ≤5百万韩圆 ≤2亿韩圆	≤300 ≤50 ≤50 ≤50		《中小企业组织法》（1986年）
欧盟	小型企业：资产年负债总额≤500万欧元，并不被其他企业拥有25%以上股权 中型企业：资产年负债总额≤2700万欧元，并不被其他企业拥有25%以上股权			≤50万欧元 ≤250万欧元	欧洲委员会

国家或地区	中小企业类型	企业资产	从业人数（人）	年营业额	依据
中国台湾	制造业、营造业、矿业土石采集业类： 小型企业 中型企业		≤20 ≤200	≤8千万台币	《台湾地区中小企业白皮书》（2000年）
	农林牧渔水电燃气业、商业、运输业、金融保险业、工商服务业类： 小型企业 中型企业		≤5 ≤50	前一年营业额≤1亿台币	

资源来源：陈永奎《民族地区中小企业融资研究》，北京：民族出版社，2009，9—10页；高正平《中小企业融资新论》，北京：中国金融出版社，2004，40—42页；熊泽森《中小企业信贷融资制度创新研究》，北京：中国金融出版社，2010，32—33页。

3. 我国对中小企业的界定

1949年以来，我国的中小企业的划分标准根据国民经济的发展要求经历了多次的修整。20世纪50年代，中小企业划分标准主要依据的是职工人数；1962年之后，固定资产价值成为企业的划分标准；1978年，在国家计委发布《关于基本建设项目的大中型企业划分标准的规定》中将"年综合生产能力"作为企业规模的判断标准；1988年重新颁布了《大中小型工业企业划分标准》，依据不同行业的不同特点调整了企业划分标准，1992年又作了补充，并增加了市政公用工业、医药工业、电子工业、机械工业以及轻工业的企业划分标准；在1999年发布的《大中小型企业划分标准》中，企业的销售收入和资产总额成为企业规模划分的主要参考标准；而在2002年颁布的《中华人民共和国中小企业促进法》中正式将中小企业定义为在我国境内依法成立的，符合国家产业政策、有利于满足社会需要，增加就业且生产

166

经营规模属于中小型的企业；2003 年颁布的《中小企业标准暂行规定》确定了我国中小企业与国际接轨的区分标准；2011 年重新在 2003 年的划分标准基础上制定并发布了《中小企业划型标准规定》，作为现行的中小企业划分标准，根据企业从业人员、营业收入、资产总额等指标，结合行业特点将中小企业划分为中型、小型、微型三种类型，具体划分标准如下表 6-2。

表 6-2 我国中小企业划分标准

行业名称	指标名称	计量单位	中型	小型	微型
农、林、牧、渔业	营业收入（Y）	万元	500≤Y<20000	50≤Y<500	Y<50
工业 *	从业人员（X）	人	300≤X<1000	20≤X<300	X<20
	营业收入（Y）	万元	2000≤Y<40000	300≤Y<2000	Y<300
建筑业	营业收入（Y）	万元	6000≤Y<80000	300≤Y<6000	Y<300
	资产总额（Z）	万元	5000≤Z<80000	300≤Z<5000	Z<300
批发业	从业人员（X）	人	20≤X<200	5≤X<20	X<5
	营业收入（Y）	万元	5000≤Y<40000	1000≤Y<5000	Y<1000
零售业	从业人员（X）	人	50≤X<300	10≤X<50	X<10
	营业收入（Y）	万元	500≤Y<20000	100≤Y<500	Y<100
交通运输业 *	从业人员（X）	人	300≤X<1000	20≤X<300	X<20
	营业收入（Y）	万元	3000≤Y<30000	200≤Y<3000	Y<200
仓储业	从业人员（X）	人	100≤X<200	20≤X<100	X<20
	营业收入（Y）	万元	1000≤Y<30000	100≤Y<1000	Y<100
邮政业	从业人员（X）	人	300≤X<1000	20≤X<300	X<20
	营业收入（Y）	万元	2000≤Y<30000	100≤Y<2000	Y<100
住宿业	从业人员（X）	人	100≤X<300	10≤X<100	X<10
	营业收入（Y）	万元	2000≤Y<10000	100≤Y<2000	Y<100

续表

行业名称	指标名称	计量单位	中型	小型	微型
餐饮业	从业人员（X）	人	100≤X<300	10≤X<100	X<10
	营业收入（Y）	万元	2000≤Y<10000	100≤Y<2000	Y<100
信息传输业 *	从业人员（X）	人	100≤X<2000	10≤X<100	X<10
	营业收入（Y）	万元	1000≤Y<100000	100≤Y<1000	Y<100
软件和信息技术服务业	从业人员（X）	人	100≤X<300	10≤X<100	X<10
	营业收入（Y）	万元	1000≤Y<10000	50≤Y<1000	Y<50
房地产开发经营	营业收入（Y）	万元	1000≤Y<200000	100≤Y<1000	Y<100
	资产总额（Z）	万元	5000≤Z<10000	2000≤Z<5000	Z<2000
物业管理	从业人员（X）	人	300≤X<1000	100≤X<300	X<100
	营业收入（Y）	万元	1000≤Y<5000	500≤Y<1000	Y<500
租赁和商务服务业	从业人员（X）	人	100≤X<300	10≤X<100	X<10
	资产总额（Z）	万元	8000≤Z<120000	100≤Z<8000	Z<100
其他未列明行业 *	从业人员（X）	人	100≤X<300	10≤X<100	X<10

注：带 * 的项为行业组合类别，其中，工业包括采矿业，制造业，电力、热力、燃气及水生产和供应业；交通运输业包括道路运输业，水上运输业，航空运输业，管道运输业，装卸搬运和运输代理业，不包括铁路运输业；信息传输业包括电信、广播电视和卫星传输服务，互联网和相关服务；其他未列明行业包括科学研究和技术服务业，水利、环境和公共设施管理业，居民服务、修理和其他服务业，社会工作，文化、体育和娱乐业，以及房地产中介服务，其他房地产业等，不包括自有房地产经营活动。

资料来源：国家统计局《统计上大中小微型企业划分办法》附表，2011 年 9 月，网址：http：//www. stats. gov. cn/tjsj/tjbz/201109/t20110909_8669. html。

二、中小企业的发展理论

1. 社会分工理论

该理论认为随着工业化过程的不断深化，中小企业在社会经济发展中的地位和作用越来越不可忽视，大企业与中小企业的关系从弱肉强食逐渐转变为协调竞争，使得社会分工进一步深化。艾夫里特提出现代经济存在以垄断企业为中心的大型核心企业和外围的中小企业；施塔利和莫斯从经济和技术两个方面分析企业成本、规模经济、市场特性及地缘区位等因素，指出不同产业适于不同规模的企业经营；太田一郎在《现代中小企业的活力与新生》中将经济部门分为集中型部门和分散型部门，并指出前者适合大企业经营，后者适合中小企业经营与发展；霍兰德在《中小企业的未来》中指出市场资源向大企业集中为中小企业发展创造了机会，中小企业可发挥"产品差异化"的优势在市场的"缝隙"中生存发展。

2. 不完全竞争理论

不完全竞争理论由美国经济学家张伯伦与英国经济学家琼·罗宾逊提出。该理论分别在二人的代表作《垄断竞争理论》与《不完全竞争经济学》中对完全竞争理论进行了系统性补充，他们认为实际的市场既不是完全竞争的，也不是垄断的，而是介于二者之间的不完全竞争市场，产品差别的存在使得各个厂商都对自己的产品有一定的垄断，同时却必须面对类似产品或替代品的竞争。这一理论为中小企业的存在与发展提供了理论基础，即中小企业在生产上遵守"产品差别"的原则就可拥有一定的市场，具有一定的竞争力，甚至形成小范围的垄断；此外，中小企业也可以发挥在价格竞争或非价格竞争方面的优势来获取生存发展的市场与空间。

3. 最佳规模理论

奥斯汀·罗宾森在《竞争产业的结构》中基于最佳规模的理论视角分析了中小企业的发展条件。指出最佳规模企业是在现有的技术和组织能力下，单位平均生产费用最低的企业，并结合规模收益递减规律阐述了最佳规模企业并非一定是大企业，中小企业同样可以通过规模适度来取得市场。之后，芝加哥学派经济学家斯蒂格勒在《规模经济》中进一步拓展了最佳规模理论，通过实证分析提出行业的最佳企业规模通常是一个区间，进一步增强了对中小企业生产发展的理论解释。

4. 马克思政治经济学的资本积累理论

马克思政治经济学在阐释资本积累的一般规律时，强调了资本的集中就是大资本吞并小资本，同时并没有因此否定中小企业的存在与发展。马克思在论述中指出随着资本主义生产方式的发展与资本的不断集中，正常条件下经营某些行业的单个资本的最低限度会提高，因此，较小的资本会被挤到那些大工业还是零散的或不完全占领的生产领域。同时，马克思还分析了新的中小企业产生过程，即随着资本主义生产方式的发展，被解放出来的资本和劳动力会建立新的生产部门；在新的生产营业部门，资本可以重新以小规模进行经营，并在重复资本集中的过程中形成新的中小企业生产部门。由此可见，随着资本集中的扩张，中小企业会逐步被大企业所吞并，但由于资本积累的过程在各生产部门具有不平衡，会产生新的适合中小企业生存发展的生产领域。此外，技术进步会形成新的行业与生产部门，同时社会分工的深化都会为中小企业的生产发展提供基础。马克思的资本积累理论揭示了资本主义生产方式的本质，同时也指出资本积累的过程为中小企业提供了新的生存发展环境。

三、中小企业的金融理论

1. 融资偏好理论

梅尔斯与马伊卢夫在研究企业融资问题时指出中小企业的融资方式并不是按照传统的资本结构最优化为目标，中小企业在融资的时候更倾向于对企业干预程度最小的融资方式。据此提出了融资偏好理论，该理论认为中小企业融资的次序是先从内部融资然后才是外部融资，在外部融资中先债券后股权。同时该理论指出由于银行信贷融资成本相对较低，因此银行信贷融资应该成为中小企业进行融资的主要来源。

2. 中小企业融资信息不对称理论

斯蒂格利茨和维斯在研究中小企业融资问题时建立了引入信息不对称和道德风险的基本模型，很好地解释了信贷配给的原因。该模型假设银行与借款者之间存在信息的不对称，即借款者非常了解借款项目的具体风险，而银行只能了解到整个借款者的集体风险，如果此时银行采用提高利率的方法，则需要面临逆向选择问题，从而导致市场失灵；采取信贷配给则可以很好地解决这一问题。因此，由于中小企业与银行之间存在严重的信息不对称，银行对中小企业更愿意采取信贷配给政策，从而减少了中小企业的资金供给。

3. 最优金融结构理论

林毅夫等（2009）将金融结构定义为金融系统内部各种金融制度安排的比例与相对构成，指出处于一定发展阶段的经济实体的要素禀赋结构决定了该经济体的产业结构、企业规模与风险特性，从而形成对金融服务特定的需求，同时提出各个经济发展阶段的最优金融结构应与不同阶段的实体经济对金融的需求相适应，以有效发挥金融的基本功能。在此框架内讨论金融发展与中小企业经济的融资问题并得出了"中小型金融机构更能适应与满足中小企业的融资需求[①]"的结论。

第二节　四川省中小企业发展概况

中小企业是经济转型过程中最为活跃的市场主体，具有生产规模小、组织结构灵活与市场嗅觉敏锐等优点，中小企业的发展对于优化资源配置，完善市场机制等都有积极的推动作用。根据中小企业统计年鉴的数据显示，截止到 2015 年末，四川省中小企业总数达 398.6 万户，其中包含了法人企业 91.4 万户，个体工商户 301.4 万户以及农民专业合作社 5.8 万户，全省中小企业数量占全省企业总数的 99％以上，上缴税收为税收总额的 50％，创造价值占 GDP 的 60％左右，完成的专利、技术创新以及新产品开发占 70％以上，还为全社会提供了 80％以上的就业机会。在宏观经济下行压力增大的背景下，以个体私营经济为主体的中小企业成为四川最具活力的经济增长点，中小企业不仅是四川省经济发展的重要构成部分，而且对于推动地区经济增长，安置剩余劳动力就业，推进城镇化等都有一定的积极作用。

一、四川省中小企业的发展规模

2015 年末，在四川省注册登记的中小微型企业法人单位将近 400 万户，占全省企业总数的 99％以上，其中，在规模以上工业企业中，中小企业的数量占 97％以上。据 2013 年末的统计数据显示，四川省全省规模以上中小企业为 243.2 万人提供了就业机会，占规模以上工业企业全部从业人数的 64.7％以上；在全省规模以上工业企业中，中小企业的资产总额达 20261.9 亿

---

① 林毅夫，孙希芳，姜烨. 经济结构中的最优金融结构理论初探［J］. 经济研究，2009（8）：4～17

元，比上一年同期增长了 23.62％，占全省规模以上工业企业资产总额的 58.3％以上；此外，规模以上中小企业的主营业务收入为 22133.4 亿元，占全省规模以上工业企业主营业务收入的 62.79％，同比增长率为 11.57％；全省中小企业的工业总产值为 20186.01 亿元，占所有规模以上工业企业总产值的 60％以上，与上一年同期相比增长了 4.9％；同时，2013 年四川省规模以上中小企业共实现利税收入 971.3 亿元，占全部规模以上工业企业的比重达 53.36％。表 6-3 列出了四川省中小企业各主要年份的相关数据。

表 6-3　四川省规模以上中小企业主要年份的发展指标与数据

指标 / 年份	2001	2005	2011	2013
企业数量（家）	4246	7880	11708	12786
从业人员（万人）	112.31	161.73	242.40	243.2
资产总计（亿元）	1681.09	4756.61	12856.01	20261.90
主营业务收入（亿元）	1009.26	3780.10	18578.80	22133.40
工业总产值（亿元）	1079.78	4001.41	19407.50	20186.01
税金总额（亿元）	2.04	182.75	895.20	971.30

数据来源：2001-2014 年《中国中小企业统计年鉴》。

另外，中小企业已经成为推动四川省技术创新的主要力量。2015 年上半年的统计数据显示，四川省中小企业中有 1300 多家获得高新技术企业称号，并建立省级以上企业技术中心近 400 家，专利申请数 11000 余项，获得授权专利总数 8358 项。2012 年四川省开始实施的中小企业培育计划取得明显成效，到 2015 年上半年，新培育"小巨人"企业 200 户，"成长型"中小企业 438 户，全年利润增长分别达到 44.55％和 30.35％，明显好于规模以上工业企业平均水平。目前，一批"小巨人·成长型"企业已成长为龙头企业和骨干企业，高金食品等已成为四川省的大企业，成都三泰电子股份有限公司等已正式上市。同时，还培育了一大批具有自主知识产权的科技型中小企业，打造了一大批享誉国内外的知名企业及品牌，如四川银河地毯有限公司、成都瑞迪机械实业有限公司、成都硅宝科技股份有限公司、成都高福记食品公司以及成都壹品欧迪家具公司等。

二、四川省中小企业的结构概况

随着中国特色社会主义市场经济体制的不断完善，四川省中小企业的投资主体与所有制形式呈现出多元化的发展趋势，其中，私营企业的迅速发展在一定意义上反映了市场化改革的趋势与力度。根据 2013 年的统计数据，在四川省登记注册的中小企业中，国有企业与集体企业占比不足 1%，而私营企业超过60%，其他部分的所有制形式为股份制企业、三资企业以及联营等，私营企业成为四川经济中最具活力的增长点，尤其是在科技型中小企业中，民营企业的数量占科技型中小企业总数量的85% 以上，反映了市场经济体制的不断完善。

同时，中小企业的产业结构不断优化，产业集群发展初具规模。2010 年以来，四川省中小企业加快了转型步伐，不断加大研发投入力度，产业结构不断优化升级，已有一大批中小企业进入战略性新兴产业。从产业结构的分布看，中小企业基本上呈现出第一产业平稳增长、第二产业支撑增强以及第三产业高速扩张的良好态势；从区域空间布局来看，以成都为核心的成都平原经济区中小企业领先发展，川南、川东北及攀西地区中小企业加快发展，革命老区、贫困地区和少数民族地区中小企业培育发展的空间格局基本形成；从产业集群上看，以成都电子信息和汽车、德阳重大装备制造、绵阳数字家电、攀枝花钒钛、川南中国白酒"金三角"、资阳机车、夹江陶瓷、新都家具、广汉钻机等为代表，集聚上万户中小企业的特色优势产业集群初步形成。

从行业分布情况看，批发和零售业是社会投资创业首选，2015 年新登记中小企业 34 万户，批发和零售业企业占新登记总量的 52.8%，其中住宿业和餐饮业新登记企业 8.08 万户，同比增长 84.1%，增速最快。四川七大战略性新兴产业发展良好，至 2015 年底新一代信息技术产业、新能源产业、高端装备制造产业、新材料产业、生物产业、节能环保产业、新能源汽车分别拥有中小企业 4.3 万户、4.2 万户、1.4 万户、2.7 万户、3.0 万户、7.7 万户和 2.1 万户。

三、四川省中小企业发展中存在的问题

1. 生产成本不断攀升

2015 年四川省人大常委会组织课题组赴成都、德阳、内江、宜宾等市和山东、陕西等省对中小企业发展情况进行了实地调研考察。根据此次调研问卷的结果来看，四川省中小企业在发展中面临的最大问题在于生产成本的上升，主要是原材料、燃料成本与劳动力成本的上升。根据调研报告，在四川省受访的企业中有63% 的中小企业将"原材料、燃料成本上升"这一问题视为当前企业面临的突出问题；有 35.7% 的中小企业将"劳动力成本上升"视为当前企业面临最突出的问题；同时，有 62.8% 的企业认为可以承受原材料和劳动力成本上升但会导致利润率下降；有6.6% 的受访企业表示会通过提高产品价格来消化成本上升带来的影响；11.2% 的中小企业因无法承受生产成本上升的影响将采取收缩措施；还有 13.1% 的中小企业难以承受成本上升而出现业务亏损；1% 的中小企业表示难以承受生产成本的提高将退出本行业。

此外，随着四川省工业用地管理进一步加强，用地指标紧张，土地权属变更程序更为复杂，对中小企业发展项目建设用地

形成极大制约。很多有市场和发展前景的成长型中小企业项目难以落地，小微企业用地更难以保证；同时，园区建设"圈地现象"严重，使得部分土地闲置，造成土地资源浪费。受传统就业理念束缚以及中小企业规模、软硬件等因素制约，专业技工、熟练工和高级人才引进难，稳定难，劳动力结构性矛盾突出。2011至2015年间，规模以上中小工业企业的主营业务成本、管理费用、财务费用和利息支出分别增长63.77%、63.24%、125.5%和116.79%，高于同期主营业务收入61.28%的增长率；亏损企业户数上升89.36%，亏损企业亏损额上升230.04%；而利润总额和利税总额分别只增长37.83%和33.1%，远低于主营业务收入和各项成本费用的同期增长率。

2. 政策落实不到位

省人大常委会课题组的调研报告指出当前四川省中小企业发展中存在的另一个突出问题在于政策落实不到位、考核机制不完善和统计信息滞后。改革开放以来，四川省各级政府出台了许多有关中小企业发展的税收及其他相关优惠政策，但切实贯彻实施的力度不足，原因在于中小企业的管理工作还不够规范。各级政府设立中小企业相关的管理部门（政府非公经济管理部门、工商部门、税务部门以及各地中小企业协会等部门）都会陆续出台一系列的优惠政策，这就导致了针对中小企业的各项优惠政策在实施过程中相互推卸责任，很难落实。由于缺乏有效地激励约束机制，促进中小企业发展的政策法规落实不够，导致"玻璃门、弹簧门"现象出现。此外，四川省中小企业发展工作没有纳入对各级政府的考核范围，导致对中小企业发展重视不够，对中小企业的统计监测工作制度仅局限于中小工业企业，不能全面准确反映其发展状况，不能进行及时有效地市场监测和风险防范。

3. 融资难且渠道单一

根据四川省银监局的调研报告，所有被接受问卷调查的中小企业都反映存在融资难的问题，即四川省中小企业在发展中普遍面临资金缺口的问题。其中8.06%的企业面临的资金缺口高于5000万元；24.2%的企业资金缺口在1000−5000万元之间；25.6%的企业资金缺口在500−1000万元之间；30.8%的企业资金缺口在100−500万元之间；还有11.4%的企业资金缺口低于100万元。另外，调研报告结果显示，四川省中小企业的融资渠道比较单一，在所有接受调查的中小企业中，有94.1%的企业以银行贷款为主要融资渠道，有4.03%的企业融资渠道主要通过朋友或熟人借款，还有0.37%的企业主要通过民间借贷或高利贷来解决企业发展中的资金缺口问题。由此可见，四川省中小企业的融资渠道过于单一，主要集中于银行贷款。

但是，由于银行在放贷过程中考虑到风险问题以及中小企业的信息不对称等问题，使得中小企业的融资问题仍有一定限制。在所有接受调研并以银行贷款为融资渠道的中小企业中，只有2.9%的企业融资需求能够得到满足；38.5%的企业反映银行贷款基本可以满足融资需求，剩下58.6%的企业反映银行贷款并没有很好地解决企业发展中的融资问题，其中71.8%的企业表示贷款额度没有得到满足，35.2%的企业反映贷款期限不能得到满足。对已获得贷款的中小企业进行调研的结果显示，四川省中小企业的贷款主要以短期贷款为主，占51.7%，中期贷款占38.7%，只有不到10%的中小企业能够获得银行提供的长期贷款。

第三节 四川省金融发展与中小企业发展关系的实证分析

西部大开发战略实施以来，四川省不断完善市场经济体制建设的同时，金融领域的改革也稳步推进，出台多项支持中小企业发展的金融优惠政策。从理论上看，金融领域的市场化改革能够很好地推进解决中小企业融资难的问题，从而促进中小企业的发展，而对于实践中四川省的金融发展是否能够有效促进了中小企业发展这一命题，需要进一步使用数据做实证研究来验证。

一、变量指标的选取

1. 金融发展指标

在现有文献的研究中，较为普遍使用的衡量金融发展的指标有金融相关率、金融系统效率、实际利率、经济开放程度、股票市场发展程度以及保险深化程度等等。由于本书研究的主要对象针对四川省的中小企业，中小企业的融资更多依靠民间借贷与自筹，缺乏银行长期稳定的放贷支持，实际利率只是参考标准；此外，保险市场与股票市场的发展起步较晚且与中小企业的发展关系不大，二者的发展更多地体现在规模扩张而非质量提升方面，因此也未将这些指标加入实证分析；担保本身应当是促进小微企业发展的重要金融行业，但限于我国担保业整体的发展滞后以及统计层面的缺失而未将此作为分析指标加入实证检验。

麦金农在分析转轨时期的金融发展时，将资金市场的开放程度作为金融中介产生与发展的重要影响因素，指出开放型的资本市场对于区域金融市场的形成与完善有着积极的作用，所以本书使用外商直接投资来衡量资金市场的开放程度；最优金融结构理论指出金融结构的优化是金融发展的重要内容，且与中小企业发展存在着密切的关系，因此本书将金融结构的优化作为衡量金融发展的关键指标。综上所述，本书在衡量四川金融发展的分析中使用了以下指标：

（1）金融相关率（FIR）

金融相关率指一国或一个地区在某一时点上"全部金融资产价值与全部实物资产价值之比"。这一概念由 Goldsmith 提出并用于衡量一个地区的金融规模发展情况。根据学术界当前普遍的金融相关率处理方法，本书在实证分析中使用当期的金融机构的存贷款余额之和与当期 GDP 的比值来衡量该地区金融规模的发展水平。即：

FIR＝（金融机构存款余额＋金融机构贷款余额）/GDP

（2）金融系统的效率（FE）

金融系统主要是金融机制发生的中介机构，金融系统作为承担资金市场优化资源配置的主要载体，同样是金融发展的重要内容。中小企业的发展离不开金融系统提供的信贷资金，因此，金融系统的存贷款资金转换效率对于提高中小企业的信贷资金可得性有重要作用，目前学术界普遍使用金融机构的贷款与存款比率来衡量一个地区金融系统的效率，即：

FE＝金融机构贷款余额/金融机构存款余额

（3）金融结构优化程度（FS）

根据林毅夫等人提出的最优金融结构理论：中小型金融机构相比于大型银行更有可能满足中小企业的融资需求。一方面中小型金融机构以本地区中小企业为主要服务对象，在一定程度上可以减少信息不对称带来的交易成本；另一方面中小型金融机构自身资金规模有限，难以向资金需求量较大的企业提供服务，决定了其业务定位只能是中小企业。因此，本书在借鉴现有成果的基础上，使用中小型银行类金融机构的资产占银行类金融机构资产总额的比重来衡量四川省的金融结构优化程度，其中，中小型银行类金融机构指国有商业银行与政策性银行以外的银行类金融机构。

FS＝中小型银行类金融机构资产/银行类金融机构资产总额

（4）外商投资水平（FI）

金融深化理论指出资本市场的开放性是影响落后地区金融中介产生与发展的关键因素。该理论分析了外来资本对于落后地区资金市场形成与发展的积极作用，认为外资进入所带来的竞争机制对于落后经济体金融市场的形成与金融环境的优化有重要作用，同时指出落后地区应扩大资金市场的开放程度，通过吸引外商投资来促进转轨时期资金市场的形成与繁荣，从而满足经济发展对金融的发展需求。四川省作为西部地区的重要省份，西部大开发战略的实施过程就是其经济转轨时期，因此本书借鉴已有的研究成果与多数文献中的思路，使用外商直接投资额占 GDP 的比重来反映四川地区资金市场的开放水平。

$$FI=外商直接投资额/GDP$$

2. 中小企业发展指标

目前，学术界仍缺乏一套可以全面系统地反映中小企业发展状况的指标体系。有关中小企业的研究中，主要使用中小企业的景气指数、中小企业资产规模、中小企业从业人数以及中小企业产值与 GDP 的比重等指标来衡量中小企业的发展情况。由于第三产业内较为集中的小微型企业受限于生命周期短、生产经营不规范等原因而在统计方面缺乏全面的、有连续性的统计数据，因此中小企业方面的官方统计数据主要体现在规模以上的工业企业层面。在借鉴部分文献的基础上考虑到数据的可得性与完整性，考虑到中小企业在发展过程中现金流的重要性，本书使用规模以上中小企业的盈利能力作为衡量中小企业发展的指标。

$$SE=规模以上中小企业利润额/主营业务收入$$

二、数据的来源及处理

实证分析的数据主要根据上文指标来选取西部大开发战略实施以来四川省金融发展与中小企业发展的季度数据，研究区间为2004 年至 2014 年，各项指标的原数据来自所涉及年份的《中国金融年鉴》《中国中小企业发展年鉴》《四川省统计年鉴》《四川省金融运行报告》等。部分数据在统计部门的数据库中只有年度数据而未给出季度数据，因此在实证过程中进行了频度调整，数据的处理过程主要使用 Eviews6.0 计量软件。

三、实证分析过程

当前学术界针对金融发展与经济发展关系的研究中，使用较为普遍且成熟的方法是时间序列分析，本章在借鉴多数文献的基础上同样使用时间序列分析作为主要的分析方法。平稳性检验通过后，使用 Johansen 检验来检验指标变量间的协整性，然后进行脉冲响应分析。

1. ADF 检验

由于大多数经济变量的时间序列数据是非平稳的，在进行时间序列分析之前需要对时间序列数据做单位根检验与协整检验以避免在分析中出现伪回归现象，采用 ADF 检验对数据的平稳性进行检验。检验结果如下表 6-4 所示：

表 6-4 ADF 检验结果

变量	ADF 检验值	检验类型	临界值 1%	临界值 5%	p 值	平稳性
FIR	-3.286442	(C, T, 2)	-4.198503	-3.523623	0.0828	不平稳
△FIR	-2.737979	(0, 0, 0)	-2.621185	-1.948886	0.0074	平稳
FE	-2.899102	(C, T, 4)	-4.211868	-3.529758	0.1738	不平稳
△FE	-4.740775	(C, T, 3)	-4.211868	-3.529758	0.0025	平稳
FS	0.130537	(C, 0, 4)	-3.610453	-2.938987	0.9641	不平稳
△FS	-4.512752	(C, T, 3)	-4.211868	-3.529758	0.0046	平稳
LnFI	-1.197171	(C, T, 5)	-4.219126	-3.533083	0.8969	不平稳
△FI	-3.029563	(0, 0, 0)	-2.621185	-1.948886	0.0033	平稳
SE	-1.683434	(C, T, 1)	-4.192337	-3.520787	0.741	不平稳
△SE	-2.644956	(C, 0, 0)	-2.621185	-1.948886	0.0094	平稳

检验结果显示，各变量的原始时间序列数据在 1% 的显著水

平下均不能拒绝原假设，为非平稳序列；经过一阶差分后，各时间序列数据均通过了 1‰ 显著性检验，即能够拒绝"含有单位根"的原假设，均为一阶单整序列，可以进一步做长期协整检验。

2. 协整检验

协整检验用于判断变量之间的长期均衡关系，协整检验方法有两种，即基于回归残差序列单位根检验的 E-G 两步检验法与基于回归系数检验的 Johansen 检验法，后者更适用于多变量协整关系的检验，因此，使用 Johansen 检验对四川省金融发展与中小企业发展间的长期协整关系进行检验。结果如表 6-5 所示：

表 6-5　Johansen 检验结果

协整数	特征值	Trace 值	5％临界值	p 值
None ＊	0.486602	72.00245	69.81889	0.0331
At most 1	0.336334	44.00092	47.85613	0.1100
At most 2	0.299276	26.78191	29.79707	0.1079
At most3	0.231528	11.84495	15.49471	0.1645
At most4	0.018499	0.784228	3.841466	0.3759

协整检验结果显示：在 5％的显著水平下可以拒绝"不存在协整关系"的原假设，即所选变量之间存在一个协整关系。说明四川省金融发展与中小企业发展之间存在长期稳定关系，可使用脉冲响应函数与方差分解模型进一步深入分析四川省金融发展与中小企业发展之间的关系。

3. 脉冲响应分析

脉冲响应函数用于分析在 VAR 模型中一个内生变量产生的冲击给其他内生变量所造成的影响。通过构造四川省金融发展的各个变量与中小企业发展变量间的脉冲响应函数来分析不同层面的金融发展对中小企业发展的具体影响。脉冲响应图显示了中小企业发展指标对于来自金融发展不同层面变量的冲击而产生的反应，结果如图 6-1 所示：

Accumulated Response to Cholesky One S. D. Innovations±2 S. E.

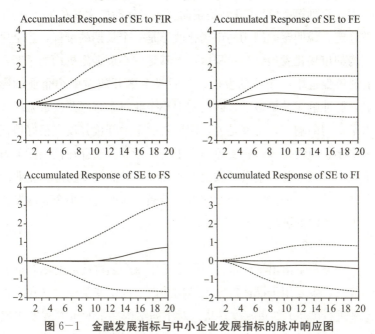

图 6-1　金融发展指标与中小企业发展指标的脉冲响应图

从脉冲响应的结果来看，四川省的中小企业对于来自不同层次的金融发展的冲击具有不同的反应。图 6-1 依次显示了金融规模（FIR），金融效率（FE），金融结构（FS）以及金融开放（FI）对中小企业（SE）产生冲击之后，中小企业（SE）的响应情况，如图所示：首先是金融规模的扩张对中小企业的影响，在受到四川省金融规模（FIR）扩张的冲击之后，中小企业（SE）呈正向反应，这种正向关系从第 2 期开始逐渐变大，到第 15 期时达到最大并逐渐稳定；其次是金融效率对中小企业的影响，由图可知，四川省中小企业对于金融效率提升带来的冲击同样呈正向反应，这种正向响应关系在第8期达到最大，之后有所下降并逐渐稳定；再次是金融结构对中小企业的影响，金融结构的优化反映的是四川省金融结构由银行主导型向市场主导型的转变过程，由图可见，中小企业对于金融机构优化的冲击在短期内反应不大，直到第12期才开始呈正向反应，逐渐增大并在第20期左右稳定，说明金融结构的市场化改革是一个长期的过程，当金融结构的市场化发展到一定程度，尤其是中小型金融机构的不断发展能够促进中小企业的发展；最后是金融开放对中小企业的影响，脉冲响应结果显示，四川省中小企业对于金融开放带来的冲击呈负向的响应，也就是说，四川省的金融开放并没有很好地促进中小企业的发展，主要原因在于中小企业普遍存在核心竞争力不足的问题，随着金融开放程度的加深，外商投资与外资企业的入驻将进一步挤占中小企业的市场份额，从而对中小企业的发展产生了负向的影响。

4. 方差分解

方差分解给出了向量自回归模型中每个随机扰动的相对重要的信息，主要用于描述每一个结构冲击对内生变量变化（常用方差来进行度量）的贡献度，从而对不同结构冲击的重要程度作比较分析。根据脉冲响应的结果，可以对四川省中小企业的发展进行方差分解，从而得到金融发展的不同层面指标对中小企业发展指标变化的贡献程度。结果如表6-6所示：

表6-6　四川省中小企业发展的方差分解表

Period	Std. E	SE	FIR	FE	FS	FI
1	0.142785	100	0	0	0	0
		0	0	0	0	0
2	0.243817	95.78519	0.116514	3.81988	0.189695	0.088723
		−5.29814	−1.23367	−3.99594	−1.5344	−1.50448

续表

Period	Std. E	SE	FIR	FE	FS	FI
3	0.340675	88.71296	1.114542	9.14825	0.151192	0.873053
		−10.2037	−3.24227	−7.48474	−2.67026	−3.581
4	0.432135	81.64403	3.319608	12.86106	0.094683	2.080616
		−13.2572	−5.48072	−9.47686	−3.79262	−5.50184
5	0.51088	76.02156	6.385524	14.53739	0.068821	2.986709
		−15.5546	−8.2138	−10.4093	−5.04513	−6.7679
6	0.571664	71.91867	9.909443	14.7799	0.055085	3.336909
		−17.1791	−10.9283	−10.7875	−6.31026	−7.49258
7	0.614663	68.84095	13.58634	14.24	0.053038	3.279674
		−18.0265	−13.1277	−10.8482	−7.74081	−7.76339
8	0.643886	66.31813	17.13442	13.42167	0.054472	3.071306
		−18.3728	−14.5899	−10.6934	−9.2867	−7.67204
9	0.664079	64.11414	20.28055	12.66544	0.051629	2.888238
		−18.5992	−15.305	−10.484	−10.6513	−7.55075
10	0.678832	62.17655	22.81147	12.13288	0.102282	2.776808
		−18.8064	−15.5068	−10.3589	−11.6614	−7.58913
11	0.690408	60.48964	24.6083	11.82742	0.369747	2.704892
		−18.9635	−15.4497	−10.3257	−12.4679	−7.66165
12	0.700293	58.98925	25.64603	11.66462	1.063439	2.636653
		−19.0565	−15.2838	−10.3518	−13.2538	−7.69323
13	0.709515	57.58408	25.99214	11.54922	2.305648	2.568903
		−19.0922	−15.0486	−10.42	−13.9749	−7.70808
14	0.718604	56.22011	25.80715	11.42133	4.027429	2.523987
		−19.1118	−14.8211	−10.5203	−14.4407	−7.72103
15	0.727516	54.9133	25.31804	11.26556	5.977112	2.525994
		−19.1379	−14.7125	−10.617	−14.6452	−7.68816
16	0.735789	53.72907	24.75965	11.09601	7.831154	2.584111

续表

Period	Std. E	SE	FIR	FE	FS	FI
		−19. 1722	−14. 7563	−10. 6688	−14. 8976	−7. 63083
17	0. 742871	52. 73606	24. 31443	10. 93535	9. 324019	2. 690145
		−19. 2151	−14. 8861	−10. 653	−15. 4095	−7. 59907
18	0. 748419	51. 96929	24. 08054	10. 80027	10. 32501	2. 824893
		−19. 2611	−14. 9728	−10. 5744	−16. 0063	−7. 59946
19	0. 752445	51. 41782	24. 07288	10. 6963	10. 84689	2. 966108
		−19. 3163	−14. 9502	−10. 4611	−16. 4897	−7. 60491
20	0. 755278	51. 03279	24. 24469	10. 61921	11. 00897	3. 094335
		−19. 3631	−14. 8454	−10. 3349	−16. 8337	−7. 58256
Cholesky Ordering：SE FIR FE FS FI						
Standard Errors：Monte Carlo（100 repetitions）						

从方差分解的结果来看，四川省中小企业发展受自身变化的影响最大，除此之外，金融发展的各个指标对中小企业发展指标变化的贡献率在短期内和长期内有不同影响。前 6 期，FE 对 SE 的方差贡献度最大，为 14. 7799％，即金融系统效率指标在短期内对中小企业发展指标变动的影响最大，FS 对 SE 的方差贡献度最小，说明金融结构的市场化初期并不能很好地促进中小企业发展；而从长期来看，FIR 对 SE 的方差贡献度不断提升，在第 13 期达到最大的 25.99214％，均高于同期其他金融发展指标的贡献度，后有所下降并逐渐稳定在 24％左右，说明长期内，金融规模的扩张对中小企业发展的影响最大；FS 对 SE 的影响直到第 13 期才开始有明显的作用，之后逐渐增加并逐渐稳定在 10％的水平上下，反映了 FS 对 SE 的影响需要金融结构市场化改革达到一定程度之后才会明显；FI 对 SE 变化的方差贡献度不明显，基本上保持在 3％的水平，说明长期来看，金融市场开放对中小企业的影响不大。

四、结论

脉冲响应的结果说明了四川省金融发展的不同层面对中小企业发展具有不同的作用。其中，金融规模的扩张，金融系统效率的提升以及金融结构的市场化进程对中小企业的发展有正向的作用，而金融开放程度的提高并没有很好地促进中小企业的发展。而且从实证结果中可以看到，短期内金融系统效率的提升能够很好地促进中小企业发展，反映了以商业银行为主的金融机构将存款转化为贷款的能力提升可以在短期内较好地满足中小企业的贷款需求，与银行偏好向中小企业发放短期贷款的现实情况相符；而从长期来看金融规模扩张对中小企业的促进最大，说明金融市场的成熟，金融机构与资金规模的扩大能够加剧资金市场的竞争，通过竞争降低贷款利率水平进而满足了中小企业的融资需求；以市场化为导向的金融结构的优化在短期内并不能满足中小企业的融资需求，这说明在我国现实中以中小型金融机构发展为表现形式的金融结构优化需要经历以国有银行为主导的金融结构向以市场为导向的金融结构的改革过程，即随着以国有银行的股份制改革为代表的市场化进程的深入，中小型金融机构的不断发展能够很好地满足中小企业的融资需求，从而推动中小企业的发展，这一结论符合新结构主义经济学中提出的"中小型金融机构更能适应与满足中小企业的融资需求"；四川省金融开放程度的提升并没有较好地促进中小企业的发展，一方面说明虽然外来资金的进入能够加剧资本市场的竞争，但是受限于国内中小企业普遍存在的问题，外来资金的投资方向并没有大规模地投入到处于产业链下游的中小企业，另一方面外资的入驻将进一步挤占缺乏核心竞争力的中小企业的市场份额，从而影响到中小企业的长期发展。

第七章　结论与展望

第一节　主要结论

对于金融与经济的关系研究是学术界非常重视与关注的问题，随着理论的发展，曾经研究的问题趋于复杂与抽象，本书在回顾经典文献的基础上发现学者们的研究对象主要为全球金融和国家金融，而对于区域金融的研究相对来说较少。在研究区域现象时，往往更加重视不同区域之间的对比，对于单一区域内的研究关注力度不够。所以本书选取了单一区域——四川省作为研究对象，由于四川省具有重要的社会意义。

首先，习总书记在中共十九大会议上指出，中国特色社会主义进入新时代，我国社会主要矛盾已经转化为人民日益增长的美好生活需要和不平衡不充分的发展之间的矛盾。四川省作为西部经济发展潜力比较突出的地区之一，它具有内部发展不平衡、整体发展不充分的特点，因此本书希望借助研究四川省的经济与金融问题，更好地了解现阶段社会的主要矛盾，以便为解决此矛盾提供新思想和新方案。本书的研究方针是"以点带线，以线带面"，以四川为基础，辐射全中国。其出发点和落脚地是以局部分析整体，以区域分析全国。因此，研究四川省的不均衡和不充分的发展，以期推广到其他地区，也有助于构建不均衡与不充分发展的理论框架。

其次，本书对四川省的金融发展与经济状况进行了翔实的分析，学者们研究的往往是全国范围的问题，而本书探讨的是该问题在某个区域内会有如何的变化，这些内容正是地方政府政策制定者需要了解和研究的重点。本书注重四川省的地理位置、文化环境等因素，这些因素构成了四川省不同于全国经济增长的差异性。这种差异性的分析，对于发挥本地的比较优势有着巨大的作用和价值。

本书的实证分析框架由三个部分组成，依次为金融发展对经济增长的影响、对收入分配的影响以及对中小企业发展的影响。这三个部分的前两个是并列关系，最后一个是递进关系。众所周知，经济增长与收入公平一直是政府政策制定者追求的目标之一。"注重效率，兼顾公平"，这八字方针既体现了人民和政府追求收入最大化的愿望，又表达了社会主义国家的核心价值观是极力反对剥削和两极分化。很多学者都太关注经济增长，而忽视了收入分配，其实这两者之间有着某种联系。著名经济学家库兹涅茨提出的"倒U型"曲线就是这一问题的著名论断，他认为一国的经济发展在初期的时候，人均国民收入水平还处在较低水平，收入分配是很平等的。随着经济的发展，国民收入水平越高，收入分配会趋向于不平等发展。达到最不平等的时候，这时随着国民收入水平的进一步提高，收入分配状况会逐步趋向于平等。因此，只讲经济增长不讲收入分配，或者只讲收入分配不讲经济增长，都是不可取的。本书结合了经济增长和收入分配两方面，深入研究了金融发展对经济增长和收入分配的影响，即金融发展的增长效应和分配效应。

紧接着，本书探讨了金融发展与中小企业发展的关系，这是本书在效率与公平之后比较关注的问题。众所周知，科学技术是第一生产力，而创新正是科学技术转化成生产力的关键所在。创新一般来源于企业追求利润最大化的过程中，大型企业往往已经

189

达到了产品成熟期，失去了创新的动力；而中小企业正是创新的冲锋队，他们为了抢夺市场会提高产品差异化的投资。因此，研究金融发展和中小企业发展的关系，也能够反映金融发展对创新的影响。目前，供给侧改革已经进入了攻坚战的时期，供给侧改革的一项重要举措就是"大众创业，万众创新"。在四大生产要素（科技、劳动力、资本、土地）中，只有科学技术最能够推进经济增长，创新则是促进科技发展的发动机和助推器。因此，以中小企业发展为视角来研究金融发展对创新的作用具有重大的理论意义和现实意义。

本书在全面分析以上三个核心内容之后，得出了以下几个重要的结论：

（一）金融发展对经济增长的作用渠道可以分为两方面：第一，金融体系的发展通过资本积累推动经济增长，由于金融中介降低了市场摩擦，从而促进了国内储蓄，并吸引外资进入。在这一过程中加快了资本积累的进程；与此同时，金融市场的完善会导致资本存量的利用率提高，促进了储蓄转换成为投资的效率。第二，金融中介对技术创新具有推动作用，功能完善的金融体系通过从资金盈余部门筹集储蓄用于投资、评估盈利投资项目、监督管理人员等，能够有效降低交易成本。此时，金融发展不通过影响储蓄率作用于经济增长，是通过对储蓄的配置影响经济增长。

实证分析也证明了这一观点，金融发展对经济增长具有巨大的促进作用，并且这种正向关系非常显著。金融发展的长期弹性（0.85）大于短期弹性（0.51），说明在短期金融发展的促进作用效果一般，但长期会逐渐体现出巨大的促进作用。四川省不均衡不充分的经济状态对经济增长有滞后作用，从非均衡误差项来看，它对经济的长期均衡调整系数是比较大的，使其很快能回归到长期均衡状态。不同的金融结构对经济增长的影响不同，虽然直接融资和间接融资对经济增长都有促进作用，但是作用强度不同，作用持续时间也不同。从长期来看，间接融资对经济增长的促进作用持续的时间比较长，而直接融资持续的时间短；但是间接融资对经济增长的促进作用比较小，而直接融资的作用大。从 VEC 模型上的系数来看，直接融资（股票）的促进作用相当于间接融资（贷款）的两倍以上。

（二）金融发展与收入分配密切相关，金融发展会通过四个渠道来影响收入分配，门槛渠道和不平衡渠道会扩大收入差距，工资性收入渠道会减小收入差距，经济增长渠道对收入差距的作用是不确定的。经研究发现，第一，当前四川省金融体系还不完善，金融服务成本较高，低收入人群取得金融服务还需要较高的成本，门槛效应明显；第二，四川省作为西部大省，也具有典型的城乡二元经济结构和区域经济发展非均衡的特征，不均衡效应较强；第三，四川省金融发展对经济增长具有巨大的促进作用，并且这种正向关系非常显著，经济增长效应较强；第四，金融发展的大背景下，四川省能够通过贷款来影响居民的人力资本的提升，进而提高低收入人群的收入，最终缩小居民收入差距。其中，相比于金融发展规模的扩大，金融发展效率的提高对于缩小收入差距的作用更强。

经过实证分析，四川省金融发展规模和金融发展效率的提高无论在短期还是在长期都能够显著缩小收入差距，较高的金融发展水平有助于降低城乡收入分配的不平等程度。这一结论与国内部分研究存在明显不同，但支持了 Galor 和 Zeira 所提出的"金融发展能够与收入分配不平等长期保持负相关"的 G－Z 假说，即认为金融发展降低了居民获取金融服务的成本，提高了金融服务的可获得性，能够将不同财富状况的居民都共同纳入金融服务范围，且更有利于提高低收入阶层的收入，可以增加就业机会和投资机遇，提高收入水平，从而缩小收入差距。

（三）四川省金融发展对中小企业的发展具有复杂的影响。首先，四川省中小企业的融资渠道过于单一，主要集中于银行贷款。由于银行在放贷过程中考虑到风险问题以及中小企业的信息不对称等问题，使得中小企业的融资受到一定限制，体现了金融发展对中小企业发展有着一定的抑制作用。其次，中小企业具有生产规模小、组织结构灵活与市场嗅觉敏锐等优点，中小企业的发展对于优化资源配置，完善市场机制等具有积极的推动作用。随着四川省金融发展程度的加深，中小企业的产业结构不断优化，产业集群发展初具规模。

经过实证分析得出以下结论，四川省金融发展的不同层面对中小企业发展具有不同的作用。其中，金融规模的扩张，金融系统效率的提升以及金融结构的市场化进程对中小企业的发展有正向的作用，而金融开放程度的提高并没有很好地促进中小企业的发展。而且从实证结果中可以看到，短期内金融系统效率的提升能够很好地促进中小企业发展，反映了以商业银行为主的金融机构将存款转化为贷款的能力提升可以在短期内较好地满足中小企业的贷款需求，与银行偏好向中小企业发放短期贷款的现实情况相符；而从长期来看金融规模扩张对中小企业的促进最大，说明金融市场逐渐走向成熟，金融机构与资金规模的扩大能够加剧资金市场的竞争，通过竞争降低贷款利率水平进而满足了中小企业的融资需求；以市场化为导向的金融结构的优化在短期内并不能满足中小企业的融资需求，这说明以中小型金融机构发展为表现形式的金融结构优化需要经历以国有银行为主导的金融结构向以市场为导向的金融结构的改革过程，即随着以国有银行的股份制改革为代表的市场化进程的深入，中小型金融机构的不断发展能够很好地满足中小企业的融资需求，从而推动中小企业的发展，这一结论符合新结构主义经济学中提出的"中小型金融机构更能适应与满足中小企业的融资需求"。四川省金融开放程度的提升并没有较好地促进中小企业的发展，一方面说明虽然外来资金的进入能够加剧资本市场的竞争，但是受限于国内中小企业普遍存在的问题，外来资金的投资方向并没有大规模地投入到处于产业链下游的中小企业，另一方面外资的进入将进一步挤占缺乏核心竞争力的中小企业的市场份额，从而影响到中小企业的长期发展。

第二节　政策启示

在后金融危机时代，我国发展机遇与"中等收入陷阱"风险并存，金融发展的不足与过剩同时存在，表现为金融体系的配置功能扭曲，基础避险类、理财类金融产品与衍生品市场发展相对滞后，倾斜性政策导致某些行业出现产能过剩，如何以金融发展带动经济增长，减小收入差距，提高资金利用效率并且避免系统性风险发生，应该实施如下的政策措施：

一、注重金融的本质，发挥其支撑实体经济作用

金融发展"脱实向虚"的情况已经成为一股潮流，经济学家吴敬琏在 2017 年的金融街论坛上表示，目前全球的经济形势已经发生了巨大的变化，我国的金融业没有起到推动经济增长的功能。在两千年初期东南亚金融危机过后，寄希望于增发货币和信用的扩张来扩大内需，宽松的货币政策在拉动经济增长的同时，又增大的通货膨胀的风险。杠杆率的不断攀升，也增加了爆发系统性风险的可能。倘若不坚持金融改革就只能使得杠杆率不断升高，货币不断增发，这种粗放型金融发展的路线。当时金融危机的风险会一直存在，直到泡沫破灭。如何防止这种风险，又能够使经济增长持续下去，这正是我国急需解决的重点和难点。金融业要回归到本身的职能，实现经济资源的有效配置，这就需要金

融创新来促进资源配置效率的提高①。

金融结构分为银行主导型和金融市场主导型，银行的风险偏好比较低，无法将资金贷款给高风险的企业，这就需要加强相应金融形式的补充，比如上市机制、风险投资以及私募基金。因此，要改变国有金融机构在金融市场占主导份额、以间接融资为主、市场相对封闭分割的金融结构。可以通过民营化等方式，提高国有金融机构商业化的程度，逐步转向资本市场、公司债市场的直接融资与银行的间接融资并重，结构相对更平衡、更具包容性的结构体系，以市场交叉、融合与分层向储户与企业提供多样化的金融产品与服务②。与此同时，我们要创造更符合我国国情的金融工具，鼓励金融制度、金融产品、金融业务的创新；做大做强地方的中小金融机构，带动地方金融业的发展，以促进当地经济的发展；做好金融服务的首要功能，鼓励地区之间进行金融机构的兼容并包，从而发挥市场的调节功能。政策性金融机构要发挥带动和引导作用，支持金融发展的政策要准确地实施，并且要减少政府的参与控制程度，推进产、学、融、研相结合，做好支撑实体经济发展的金融业，为实现"十三五"规划加快经济发展的速度。

二、充分利用信贷支持和金融服务缩小城乡收入差距

四川省金融发展规模与收入差距呈反向变动关系，即金融发展规模的扩大会导致收入差距的缩小。随着四川省普惠金融、小微金融的发展，门槛效应和不均衡效应的作用也日趋减弱。同

---

① 吴敬琏：金融业如何为实体经济服务？摘自 http：//finance. qq. com/original/caijingzhiku/wjl _ . html
② 王聪. 金融发展对经济增长的作用机制 [M]. 北京：中国经济出版社，2017.

时，省内金融发展能够较好提供助学贷款等人力资本提升所需的信贷支持，而且经济发展已经处于能够缩小收入差距的倒 U 型拐点右侧，这两者的叠加作用能够弥补金融发展存在的门槛效应和区域间不均衡效应。

农村金融资源的外流进一步造成了农村金融资源的短缺，削弱了农村金融支持"三农"的力度，导致了城乡金融发展的差距，从而进一步扩大了以城乡为代表的收入差距。由于农业是弱势产业，农民是弱势群体，在市场经济条件下，农村金融资源会自然地由弱势部门流向回报率高的部门，商业银行等金融机构为了以较低的风险获得较高的收益，将从农村地区吸收的存款通过贷款等渠道流向了城市和大企业，最终没有运用到农村地区。因此，在四川省进一步发展市场经济的进程中，遏制农村金融资源外流不能简单地强调市场化的手段，而应该更积极发挥政府作用。四川省政府要制定针对性的农村信贷支持政策，加大信贷资源对农业和农村的投放力度，加大对三农的资金支持力度；通过设计支农贷款利率补贴，降低所得税税率等，以此来对农村金融机构实行政策上的优惠和倾斜，引导商业银行、农村信用社等农村金融机构将资金投放到三农领域。在信贷指导方面，主要是加强相关部门监督和监控：监督农业贷款的使用，监控农信社对非农领域贷款的额度。

在充分发挥和利用农村金融体系的信贷支持以外，还要努力改善农村地区的金融服务。加强农村支付结算体系的建设，主要是结算系统的覆盖面、票据业务以及银行卡的使用三个方面。如何做好农村信贷的金融工作，除了积极试点、创新农村信贷产品之外，还要建立更多综合考察服务，用以减小借贷双方之间的信息不对称的程度。以多种融资方式、多种服务手段满足农村客户日益多样化的金融需要。加强农村地区的信用体系建设，建立信用评定机制、守信激励机制和失信惩戒机制，深化农村文明信用工程。要鼓励各类金融信用机构为农村信贷做担保，大力扶持农村的担保事业，也要鼓励小生产者、乡镇企业建立中小农业贷款担保公司，并给予适当的税收优惠①。

三、完善中小微企业的信用担保体系

中小企业的发展是我国实体经济中最为活跃的一部分，如何促进中小企业发展，是增强经济活力的关键，同时还能够使社会更加稳定与和谐。中小企业一直在融资方面处于比较困难的境地，比不过国企和央企，如何才能做好中小微企业的金融服务工作以及符合中小企业自身特点的信用担保体系是地方政府亟待解决的重点和难点。要从深化金融改革的宏观市场规范做起，深入挖掘金融信用的潜力，将信用体系放大到适应社会发展的程度，把中小微企业的信贷担保工作也包括进去。

要从出台相关的法律法规入手，制定规范中小企业信用担保行业的行为，建立并完善各类担保机构的行为准则。在制度层面把好关，出台政策是为了更好地监督市场失灵的情况，对信用担保机构进行监管，可以使得市场运行地更有效率，发挥市场各类主体自由进入、退出的竞争机制，最大限度地降低信息不对称的程度。这样可以使担保的渠道更多，担保的种类更加丰富，还要建立辅助的担保保证金制度、集体审核制度、运行监测制度、损失代偿和债务追偿制度等，将这些配套实施的制度合理地应用，能够极大地降低市场风险。

四川省政府如果能出台引导担保机构平衡发展的相关政策，支持互助担保机构的发展，就会使得担保市场更加有效，实现可持续的良性发展。健全担保机构的一大举措就是，将担保、保

---

① 周丹. 金融效率、门槛效应与地方金融发展研究［M］. 上海：上海交通大学出版社，2016.

险、再保险等机构共同联合，风险分担，联合性担保集团就像是海洋中的航空母舰，不怕惊涛骇浪，也不惧礁石险滩。再担保机构的法律监管与完善工作也要进一步加强，有了多层次的担保体系，就更加需要明确不同的担保个体之间的权力与责任。这样不仅能够在发生风险时，有效地减少摩擦，也可以维持复杂的担保体系长期运行。

四、转变政府职能，实现监管与效率的协调

在供给侧改革的背景下，竞争机制逐渐完善的同时，也要政府能够充分发挥出财政、金融、产业政策的作用，这样才能促进生产效率的提高。目前，地方政府对经济发展和投资的干预仍然十分普遍，大型重工业项目和基础设施项目成了银行等金融机构的贷款首选，效率较低。要处理好政府与市场的关系，就要将政府偏向于建设生产转换为公共服务。构建地区之间的监管和协调的机制，实现金融效率与金融监管的互利共赢，还要实施宏观审慎和微观审慎相结合的监管方式。

首先，逐步降低地方政府对金融机构的控制程度，防止政府直接参与经营管理，用公众监管、公共服务和市场机制一起辅助政府的管理，将政府的权力"放进笼子里"。其次，要坚持推进国有产权的改革，消除政府控制金融发展的不利因素，将法制建设进行到底，更好地限制政府控制市场的行为。再次，要建立与完善更加富有综合评价的政府官员考核机制，防止政府官员晋升锦标赛的发生，降低政府为了追求增长而实施干预的积极性。然后，还要鼓励各级政府实施区域之间的合作，抛弃地方保护主义，防止地域金融断裂带的产生，促使资金在不同的地区之间自由地流动。最后，要根据不同的地区的经济体量与金融发展的程度，尊重不同地域之间的差距，灵活地实施相应的金融政策，合理使用不同的金融工具，发挥金融的"万能搭配"作用。

第三节　不足和展望

本书基于四川省的经济和金融发展情况，阐释了该研究具有的重要意义，并且利用计量分析方法分析了金融发展对经济增长、收入分配和中小企业发展的相互关系，得出了一些有益的结论。由于方法的局限性，书中还存在着一些不足，需要在后续的研究中进一步解决的问题如下：

（一）本书利用省级数据和市级数据构建了多个不同的模型，在此基础上进行实证研究。虽然文中对使用的指标的合理性和有效性进行了简要的说明，但是我们希望在后续的研究中采用多指标和多元化的研究方法，并且使用稳健性检验来进行评估。

（二）本书的研究主要集中于金融发展指标，虽然文中在实证部分简单分析了不同的金融结构的影响，但是仍不够详细和具体地阐述不同金融结构的影响渠道的微观机制。可以预见到，以股票、债券等工具为主导的直接融资模式会越来越重要，民间融资、影子银行等因素也不可忽视。因此，笔者认为后续研究应将金融市场的综合发展作为重点研究对象。

（三）尽管本书将金融发展对经济增长的公平与效率两方面进行了考察，但是并没有将经济增长与收入分配结合到同一个框架之中进行论证。此外，本书把中小企业的发展作为技术创新的辅助变量来考察金融发展的"破坏性创造"效应，但是并没有建立起技术创新与金融发展之间的理论联系。如何有效地将这些因素纳入同一分析框架中，更加准确地探究经济增长的路径，限于作者所掌握的分析方法和该问题的难度，这也是下一步需要重点解决的问题。

参考文献

1. Aghion, P., Howitt, P., Mayer D. The Effect of Financial Development on Convergence: Theory and Evidence [J]. Quarterly Journal of Economics, 2005, 120, 173−222.

2. Angeletos, G M, Calvet L., Idiosyncratic Production Risk, Growth and the Business Cycle [J]. Journal of Monetary Economics, 2006, 53, 1095 − 1115.

3. Antzoulatos A., Guney Y., Paudyal K. The Determinants of Capital Structure: Capital Market−oriented versus Bank−oriented Institutions [J]. Journal of Financial and Quantitatives Analysis, 2011(43):59−92.

4. Balakrishnan R, Steinberg C, Syed M. The Elusive Quest for Inclusive Growth: Growth, Poverty, and Inequality in Asia [J]. Social Science Electronic Publishing, 2014, 13 (185): 691−696.

5. Beck, T., Demirgüç−Kunt, A., Levine, R. Finance, inequality and the poor[J]. Journal of Economic Growth, 2007, 12(1), 27−49.

6. Bekaert G, Harvey C R, Lundblad C. Emerging Equity Markets and Economic Development [J]. Journal of Development Economics, 2000, 66(2):465−504.

7. Bencivenga V., Smith B. Financial Intermediation and

Endogenous Growth[J]. Review of Economic Studies, 1991 (58),195-209.

8. Boyd K. , Prescott E. Financial Intermediary-Coalitions[J]. Journal of Economy Theory, 1986(38):211-262.

9. Chang P C, Jia C, Wang Z. Bank fund reallocation and economic growth: Evidence from China [J]. Journal of Banking & Finance, 2010, 34(11):2753-2766.

10. Claessens S, Perotti E. The links between finance and inequality:, channels and evidence[J]. Washington Dc World Bank, 2010, 35(4):748-773.

11. Clarke, G. , Xu, L. , Zou H. Finance and Income Inequality: What do The Data Tell us?[J]. Southern economic journal, 2006, 72(3):578-596.

12. Cuadro-Sáez L. , García-Herrero A. Finance for growth: does a balanced financial structure matter? [J]. Revue Économique, 2008(59):1075-1096.

13. Culi R. , Xu L. Job Growth and Finance: Are Some Financial Institutions Better Suited to Early Stages of Development than Others[R]. World Bank Policy Research, Working Paper Series 5880, 2011.

14. Demirguckunt A, Levine R, Maksimovic V, et al. 1998 investment portfolio : International, Finance Corporation[J]. Aiche Journal, 1962, 8(2):214-216.

15. Demirguc-Kunt A. , Feyen E. , Levine R. The Evolving Importance of Banks and Securities Markets[J]. World Bank Economic Review, 2012, 27(3):476-490.

16. Diamond D. Financial Intermediation and Delegated Monitoring [J]. Review of Economy Studies, 1984 (51):

393—414.

17. Enowbi, M. , Guidi, F. , Mlambo, K. Testing the weak—form market efficiency and the day of the week effects of some African countries. 2010,275—276.

18. Gainet C. Exploring the Impact of Legal Systems and Financial Structure on Corporate Responsibility [J]. Entrepreneurship Governance and Ethics, 2012 (95): 195 —222.

19. Galor. O, and Zeira J. Income Distribution and Macroeco— nomics [J]. Review of Econo—mic Studies, 1993, 60 (1): 35—52.

20. Gimet, C, Lagoarde—Segot, T. A Closer Look at Financial Development and Income Distribution [J]. Journal of Banking and FinanceJournal of Banking and Finance, 2011, 25: 1698—1713.

21. Greenwood J. Jovanovic, B. Financial development and economic development [J]. Economic Development and Cultural Change, 1990(15):257—268.

22. Guillaumont Jeanneney S, Kpodar K. Financial Development and Poverty Reduction: Can There Be a Benefit Without a Cost? [C] International Monetary Fund, 2008:143—163.

23. Harris R. Stock Market and Development: A Reassessment [J]. European Economic Review, 1997(41):139—146.

24. Holden, Paul, Prokopenko, et al. Financial Development and Poverty Alleviation: Issues and Policy Implications for Developing and Transition Countries [C] International Monetary Fund, 2001:1—39.

25. Honohan P. Household Financial Assets in the Process of

Development[J]. Policy Research Working Paper, 2010: 1—50 (50).

26. Hossein Jalilian, Colin Kirkpatrick. Does Financial Development Contribute to Poverty Reduction? [J]. Journal of Development Studies, 2005, 41(4): 636—656.

27. Islam S, Mozumdar A. Financial market development and the importance of internal cash: Evidence from international data [J]. Journal of Banking & Finance, 2007, 31(3): 641—658.

28. Jalilian H, Kirkpatrick C. Financial development and poverty reduction in developing countries[J]. International Journal of Finance & Economics, 2002, 7(2): 97 - 108.

29. Jesuit D. , Smeeding T. Poverty and Income Distribution[J]. Lis Working Papers, 2002, 29(25): 1544—1551.

30. Kerr W R, Nanda R, Rhodes—Kropf M. Entrepreneurship as Experimentation[J]. Journal of Economic Perspectives, 2014, 28(3): 25—48.

31. Khurana I K, Martin X, Pereira R. Financial Development and the Cash Flow Sensitivity of Cash[J]. Journal of Financial & Quantitative Analysis, 2006, 41(4): 787—807.

32. King. R, Levine. R. Finance, entrepreneurship, and growth: theory and evidence[J]. Economics, 1993(3): 513—515

33. Kpodar K. , Singh R. Does Financial Structure Matter for Poverty [R]. World Bank Policy Research, Working Paper Series 5915, 2011.

34. La Porta R. , Lopez—De—Silanes F. , Shleifer A. , Vishny R. Law and Finance [J]. Journal of Political Economy, 1998 (106): 1113—1155.

35. Maksimovic V, Beck T, Demirgüç—Kunt A, et al. Financial

Structure and Economic Development: Firm, Industry, and Country Evidence[M]. Social Science Electronic Publishing, 2000:189−242.

36. Marcet, Albert, Francesc Obiols−Homs and Philippe Weil, Incomplete markets, labor supply and capital accumulation [J]. Journal of Monetary Economics, 2007, 54, 2621 − 2635.

37. Maurer N, Haber S. Title: Related Lending: Manifest Looting or Good Governance? Lessons from the Economic History of Mexico[J]. Nber Chapters, 2007.

38. Myers C, Majluf A. Corporate financing and investment decisions when firms have information that investors do not have [J]. Journal of Financial Economics, 1984, 13 (2): 187−221

39. Pagano M. Financial Markets and Growth: An Overview[J]. European Economic Review, 1993(37):613−622.

40. Porter M. Changing the Way America Invests in Industry? [J]. Journal of Applied Corporate Finance, 1992(52):4−16.

41. Rajan R G, Zingales L. The Governance of the New Enterprise [C] Center for Research in Security Prices, Graduate School of Business, University of Chicago, 1998.

42. Rice T, Strahan P E. Does Credit Competition Affect Small−Firm Finance?[J]. Journal of Finance, 2010, 65(3):861−889.

43. Scharler J. The Liquidity Effect in Bank−Based and Market−Based Financial Systems[J]. Working Paper No. 0718.

44. Sirri E., Tufano P. Costly Search and Mutual Fund Flows [J]. Journal of Finance, 1998(53):1589−1622.

45. Stiglitz J, Weiss A. Credit Rationing in Markets with Rationing Credit Information Imperfect [J]. The American

Economic Review, 1981, 71(3): 393－410.

46. Tadesse S. Financial Architecture and Economic Performance: International Evidence[J]. Journal of Financial Intermediation, 2002(11): 429－454.

47. Tsay RS. Analysis of Financial Time Series. 3rd ed. [M]. New York: Jonh Wiley & Sons, 2010.

48. Wurgler D, Mangold C. Development and Safety Certification of DSP－Based Line Current Interference Monitor For Rail Vehicles[C]. Seventh International Conference on Computers in Railways, Computers in Railways VII, 2000.

49. Zivot E., Wang J. Modeling Financial Time Series with S－Plus[M]. New York: Springer－Verlag, 2003.

50. 爱德华·S. 肖, 经济发展中的金融深化 [M]. 邵伏军等译, 上海: 格致出版社, 2015.

51. 安虎森等. 新区域经济学 (第三版) [M]. 大连: 东北财经大学出版社, 2015.

52. 曹永华. 中小企业发展与金融支持 [J]. 中南财经政法大学学报, 2006 (4): 92－95.

53. 陈丹丹. 四川省经济增长质量分析: 2000－2011 [J]. 财经科学, 2012 (8), 100－109.

54. 陈黎敏. 中国各地区金融发展与经济增长的关系分析 [J]. 浙江金融, 2011 (8): 31－34

55. 崔蕾. 我国开发性金融支持中小企业发展模式研究 [D]. 重庆: 重庆大学, 2007.

56. 大卫. 克里斯蒂安, 王睿译, 极简人类史 [M]. 北京: 中信出版社, 2016.

57. 戴金平, 安志勇, 杨迁. 金融结构与中小企业发展: 来自美国的实证及启 [J]. 金融发展研究, 2008 (12): 22－25.

58. 戴维·罗默. 高级宏观经济学（第四版）［M］. 上海：上海财经大学出版社，2014.

59. 凡禹. 企业基本功——中小企业经营模式与管理细节大全［M］. 北京：企业管理出版社，2007.

60. 樊纲. 中小企业融资问题［N］. 中国经济时报，2000（9）：11—16.

61. 高鸿业. 西方经济学［M］. 北京：中国人民大学出版社，2014—7：376

62. 高正平. 中小企业融资新论［M］. 北京：中国金融出版社，2005.

63. 龚强，张一林，林毅夫. 产业结构、风险特性与最优金融结构［J］. 经济研究，2014（4）：4—16.

64. 胡杰，张瑜. 中国金融发展对创业板高新技术企业融资约束影响的实证研究［J］. 技术经济，2015，34（3）：123—129.

65. 胡勇. 中小企业发展与金融深化［D］. 北京：中国社会科学院，2003.

66. 胡月，刘文朝. 西部地区金融发展与城乡收入差距关系研究［J］. 上海金融学院学报，2011，（02）：22—29.

67. 黄少卿. 走出发展的陷阱［M］. 北京：中信出版社，2016.

68. 金碚. 中国经济发展新常态研究［J］. 中国工业经济，2015（1），5—18.

69. 荆逢春. 金融发展、融资约束与出口——基于外资银行进入的视角［D］. 对外经济贸易大学，2014.

70. 赖荣华. 供应链金融发展对中小企业融资的影响研究［J］. 市场研究，2014（6）：25—28.

71. 兰强，赵鹏大. 金融发展影响能源产业投资效率的路径分析［J］. 中国地质大学学报（社会科学版），2014，14（6）：

48—54.

72. 兰强. 金融发展、融资约束与能源产业投资效率研究 [D]. 中国地质大学（北京），2015.

73. 雷蒙德·W. 戈德史密斯. 金融结构与发展 [M]. 浦寿海，等，译，北京：中国社会科学出版社，1993.

74. 李宾，曾志雄. 中国全要素生产率变动的再测算：1978—2007 年 [J]. 数量经济技术经济研究，2009（3），3—15.

75. 李道波，吕威等. 中小企业融资问题及解决方案研究——基于四川省的调查分析 [J]. 西南金融，2015（3）：61—64.

76. 李建，贾玉革. 金融结构的评价标准与分析指标研究 [J]. 金融研究，2005（4），57—67.

77. 李伟. 中小企业发展与金融支持研究 [D]. 武汉：华中科技大学，2004.

78. 李文强，陈宪. 新型工业化理论研究的发展 [J]. 上海经济研究，2011（5），16—24

79. 李志军，奚君羊. 中国金融发展与收入差距的倒 U 关系分析 [J]. 上海经济研究，2012（9）：12—18.

80. 李志赟. 银行结构与中小企业融资 [J]. 经济研究，2002（6）：38—45.

81. 李子奈，叶阿忠. 高级应用计量经济学 [J]. 北京：清华大学出版社，2012.

82. 林威. 中小企业发展与金融支持 [D]. 福州：福建师范大学，2004.

83. 林毅夫，姜烨. 经济结构、银行结构与经济发展 [J]. 金融研究，2006（1）：7—22

84. 林毅夫，李乐军. 中小金融机构发展与中小企业融资 [J]. 经济研究，2001（1）：10—18

85. 林毅夫，孙立新. 金融结构与经济发展相关性的最新研究

[J]. 金融监管研究，2012（3）：4－20

86. 林毅夫，孙希芳，姜烨. 经济发展中的最优金融结构理论初探 [J]. 经济研究，2009（8）：4－17.

87. 林毅夫，孙希芳. 信息、非正规金融与中小企业融资 [J]. 经济研究，2005（7）：35－44

88. 刘建莉. 金融发展、金融控制与区域经济增长 [M]. 北京：中国经济出版社，2016.

89. 刘文革，周文召，仲深，等. 金融发展中的政府干预、资本化进程与经济增长质量 [J]. 经济学家，2014（3）：64－73.

90. 刘想云，张泽明. 欠发达地区中小企业融资困境及对策研究——以四川省为例 [J]. 金融经济，2016（14）：20－23.

91. 刘忠燕，孙莉. 金融结构调整与中小企业融资探析 [J]. 现代财经，2005（2）：20－24.

92. 卢莉娟. 金融发展与收入差距：来自中国 1978－2004 年的证据 [D]. 中国人民大学，2008.

93. 陆铭，陈钊. 城市化、城市倾向的经济政策与城乡收入差距 [J]. 经济研究，2004（6）：50－58.

94. 罗纳德·I. 麦金农，麦金农经济学文集第一卷：金融发展中的货币与资本 [M]. 李瑶，卢力平，译. 北京：中国金融出版社，2006.

95. 罗志华，蒋霞. 我国中小企业融资担保体系选择研究——基于四川省融资担保业的调查分析 [J]. 西南金融，2017（1）：50－57.

96. 裴东慧. 重庆市金融产业集聚对区域经济增长的影响研究 [D]. 重庆工商大学，2014.

97. 彭俞超. 金融功能观视角下的金融结构与经济增长——来自 1989—2011 年的国际经验 [J]. 金融研究，2015（1）：

32—49.

98. 乔海曙，陈力. 金融发展与城乡收入差距"倒 U 型"关系再检验——基于中国县域截面数据的实证分析 [J]. 中国农村经济，2009（7）：68—76.

99. 秦璐. 金融发展对企业 R&D 融资约束的影响研究 [D]. 陕西师范大学，2014.

100. 阙紫康. 中小企业金融支持体系：理论、证据与公共政策 [R]. 深圳证券交易所综合研究所，2009（8）：9—17.

101. 任平，周介铭. 四川省经济发展水平区域差异综合评价研究 [J]. 四川师范大学学报（自然科学版），2007（1），102—105.

102. 邵志燕. 从金融结构缺陷视角谈中小企业融资难问题 [J]. 商业时代，2012（28）：59—61.

103. 四川银监局课题组，王筠权，吕晶. 四川省中小企业融资状况调查报告 [J]. 西南金融，2008，（11）：11—12.

104. 宋佳玲. 金融发展、融资约束与企业研发投资：理论与实证 [D]. 昆明理工大学，2015.

105. 孙光慧. 金融发展与中小企业发展关系的实证研究——以宁夏为视角 [J]. 甘肃金融，2015（3）：6—12.

106. 孙光慧. 中小金融机构与中小企业融资的实证分析 [J]. 生产力研究，2008（4）：158—161.

107. 唐建新，陈冬. 金融发展与融资约束——来自中小企业板的证据 [J]. 财贸经济，2009（5）：5—11.

108. 唐松. 中国金融资源配置与区域经济增长差异——基于东、中、西部空间溢出效应的实证研究 [J]. 中国软科学，2014（8）：100—110.

109. 唐晓华. 产业经济学教程 [M]. 北京：经济管理出版社，2007.

110. 皮凯蒂，巴曙松译. 21 世纪资本论［M］. 北京：中信出版社，2014.

111. 王聪. 金融发展对经济增长的作用机制［M］. 北京：中国经济出版社，2017.

112. 王景武. 金融发展与经济增长：基于中国区域金融发展的实证分析［J］. 财贸经济，2005（10）：23－26.

113. 王明栋. 金融发展、融资约束与所有制——基于中国上市公司的实证分析［D］. 复旦大学，2013.

114. 王霄阳. 山东金融发展缓解企业融资约束的实证研究［D］. 山东财经大学，2015.

115. 王欣. 我国上市公司融资结构与资本配置效率相关性研究［J］. 商业经济研究，2015（17）：80－82.

116. 王怡婷，吴殿廷. 近二十年来四川省经济水平与地位分析［J］. 经济研究导刊，2015（13），52－56.

117. 魏下海，余玲铮. 我国城镇正规就业与非正规就业工资差异的实证研究——基于分位数回归与分解的发现［J］. 数量经济技术经济研究，2012（1）：78－90.

118. 魏志华，曾爱民，李博. 金融生态环境与企业融资约束——基于中国上市公司的实证研究［J］. 会计研究，2014（5）：73－80.

119. 吴艾泓. 四川省金融资源配置与经济增长影响的实证研究［D］. 西南财经大学，2013.

120. 吴瑞. 我国中小企业发展的金融支持研究［D］. 沈阳：辽宁大学，2013.

121. 吴先满. 中国金融发展论［M］. 北京：经济管理出版社，1994.

122. 武志. 金融发展与经济增长：来自中国的经验分析［J］. 金融研究，2010（5）：58－68.

123. 肖晶，粟勤. 金融包容、金融发展及其对收入分配的影响：研究评述与展望 [J]. 金融理论与实践，2014（5）：96－100.

124. 肖晶. 中小金融机构的发展缓解了中小企业融资约束吗？——基于地区制度环境差异化的研究 [J]. 金融论坛，2016（2）：58－70.

125. 熊泽森. 中小企业信贷融资制度创新研究 [M]. 北京：中国金融出版社，2010－9.

126. 许佩娟，冉光和，卫来. 金融发展与城乡收入差距间关系的区域差异 [J]. 技术经济，2012（1）：95－100.

127. 许蓉. 金融发展、风险投资持股与中小企业融资约束 [D]. 重庆大学，2014.

128. 许蓉. 金融发展、风险投资与融资约束——基于中小企业板上市公司的经验证据 [J]. 财会通讯，2015（9）：76－80.

129. 鄢亚晨，黄阳华. 开放经济中熊彼特经济发展假说的拓展与经验证据 [J]. 数量经济技术经济研究，2012（9）：82－94.

130. 杨俊，李晓羽，张宗益. 中国金融发展水平与居民收入分配的实证分析 [J]. 经济科学，2006（2）：23－33.

131. 杨俊，李之民，周曦冉. 金融结构与经济增长质量——基于2001－2012年中国省际面板数据的实证分析 [J]. 技术经济，2015（4），73－80.

132. 姚耀军，董钢锋. 中小银行发展与中小企业融资约束——新结构经济学最优金融结构理论视角下的经验研究 [J]. 财经研究，2014（1）：105－115.

133. 姚耀军. 金融发展与城乡收入差距关系的经验分析 [J]. 财经研究，2005（2）：49－59.

134. 叶志强，陈习定，张顺明. 金融发展能减少城乡收入差距吗？——来自中国的证据 [J]. 金融研究，2011（2）：42－56.

135. 易丹辉. 数据分析与 Eviews 应用（第二版）[M]. 北京：中国人民大学出版社. 2014.

136. 尹希果，陈刚，程世骑. 中国金融发展与城乡收入差距关系的再检验——基于面板单位根和 VAR 模型的估计 [J]. 当代经济科学，2007，29（1）：15－24.

137. 约瑟夫·熊彼特. 经济发展理论 [M]. 何畏等译，北京：商务印书馆，1990.

138. 张成思，刘贯春. 最优金融结构的存在性、动态特征及经济增长效应 [J] 管理世界，2016（1）：66－77.

139. 张宏彦，王磊. 金融发展、融资约束与战略性新兴产业发展 [J]. 北京工商大学学报（社会科学版），2016，31（1）：94－101.

140. 张军，金煜. 中国的金融深化和生产率关系的再检测：1987－2001 [J]. 经济研究，2005（11）：34－45.

141. 张伟斌，刘可. 供应链金融发展能降低中小企业融资约束吗？——基于中小上市公司的实证分析 [J]. 经济科学，2012，（03）：108－118.

142. 章奇，刘明兴，陶然，等. 中国的金融中介增长与城乡收入差距 [J]. 中国金融学，2003.

143. 赵德旺，李明运. 河南省金融发展与收入分配问题的实证研究 [J]. 金融理论与实践，2012，（10）：46－50.

144. 周丹. 金融效率、门槛效应与地方金融发展研究 [M]. 上海：上海交通大学出版社，2016.

145. 周莉萍. 金融结构理论：演变与述评 [J]. 经济学家，2017（3）：79－89.

146. 朱彦元. 金融深度门槛及其对中小企业融资行为决策的影响分析 [J]. 华东科技，2013 (8)：51—53.

147. 兹维·博迪，罗伯持·C. 默顿，戴维·L. 克利顿. 金融学（第二版）[M]. 北京：人民大学出版社，2010.

后　记

　　我国改革开放四十年以来，四川省的经济发展取得了辉煌的成绩，同时也面临着严峻的考验。针对新时期的机遇与挑战，根据理论界不断发展和积累的新认识，我们总结了十几年来四川省金融发展的现状与经济效应，用了将近两年的时间完成了这本书的撰写工作。本书的写作分工如下：第一章和第二章由沙砾执笔，第三章由韩喜昆执笔，第四章由李根执笔，第五章由赵新执笔，第六章由韩喜昆执笔，第七章由李根、韩喜昆和赵新执笔。整体研究框架和统稿由四位作者共同完成。

　　本书得以出版，要感谢四川大学出版社全体同仁的支持，还有李勇军等编辑老师高效而且细心的工作。没有他们的通力合作，本书是无法顺利出版的。同时也感谢在本书写作过程中提供各种指导、支持和帮助的师长和同学。

　　由于研究条件和作者水平有限，该书难免存在疏漏和不足之处，我们真诚地希望得到广大读者和专家的批评指正！

作　者

2018 年 7 月